이야기가 술술
관용어가 쏙쏙

이야기가 술술 관용어가 쏙쏙

2021년 6월 15일 1판 1쇄 발행 / 2024년 1월 8일 1판 3쇄 발행

지은이 수상한 선샘 / 펴낸이 임은주
펴낸곳 청개구리 | 출판등록 2003년 10월 1일 제2023-000033호
주소 (12284) 경기도 남양주시 다산지금로 202 (한강 DIMC 현대테라타워) B동 3층 17호
전화 031) 560-9810 / 팩스 031) 560-9811
전자우편 treefrog2003@hanmail.net
블로그 blog.naver.com / chgaeguri(네이버 / 청개구리출판사)
인스타그램 treefrog_books

편집디자인 북그라피 / 일러스트 한수희
출력 우일프린테크 | 인쇄 하정문화사 | 제책 정성문화사

책값은 뒤표지에 있습니다.
잘못 만들어진 책은 바꾸어 드립니다.
지은이와의 협의에 의해 인지를 붙이지 않습니다.
이 책의 내용을 재사용하려면 반드시 저작권자와 청개구리출판사의 허락을 받아야 합니다.
ⓒ 2021 김빛나 외, 한수희

Written by Kim Bichna & others.
Illustrations by Han Suhee.
Text Copyright ⓒ 2021 Kim Bichna & others.
Illustrations Copyright ⓒ 2021 Han Suhee.
All rights reserved.
First published in Korea in 2021 by CHEONGGAEGURI Publishing Co.
Printed in Korea.

ISBN 979-11-6252-052-9   (73810)

|머리글|

여느 때와 같은 수업 시간이었습니다. 두 명이 한 팀을 이뤄 문제를 맞히는 스피드퀴즈를 하고 있었지요. 우리 반 대표 장난꾸러기들의 차례였는데 글쎄, 제한 시간이 다 되도록 한 문제도 못 맞히는 거예요. 지켜보던 제가 다 안타까워서 한마디했어요.

"애들아, 그러지 말고 머리를 맞대 봐."

말이 끝나기가 무섭게 둘은 서로 짜기라도 한 듯 이마를 맞대었어요. 서로의 머리를 부여잡고 "으아아아!" 기합도 넣었지요. 그 모습을 본 저는 그만 빵 터지고 말았답니다. 제 딴에는 함께 고민해서 결정하라는 뜻으로 사용한 관용어였지만 두 친구에게는 생소한 말이었던 거예요.

이렇듯 우리나라에는 재미있는 관용 표현이 참 많습니다. 유용하기도 하지요. 하고 싶은 말을 인상 깊게 전달할 수도 있고, 듣는 이의 기분이 상하지 않게 돌려 말할 수도 있습니다. 또 관용 표현에는 우리 문화가 묻어 있어요.

   이런 관용 표현이 어떤 상황에서 활용되는지 한 편 한 편 동화로 모았습니다. 무엇보다 어린이들이 이 책에 있는 좌충우돌 신나는 이야기를 읽는 동안, 관용어를 재미있고 자연스럽게 익힐 수 있기를 바랍니다. 또 이 책에서 알게 된 표현을 생활 속에서 적절하게 사용해 보세요.

2021년 여름을 기다리며
〈수상한 선샘〉
정하연 외 5명

차 례

머리글 • 4
등장인물 소개 • 8

귀를 기울이다 • 12
손에 익다 • 15
눈을 의심하다 • 19
미역국을 먹다 • 22
눈이 번쩍 뜨이다 • 25
눈이 멀다 • 28
선심 쓰다 • 31
마음을 먹다 • 34
마른침을 삼키다 • 37
맥이 풀리다 • 41

시치미를 떼다 • 44
눈에 띄다 • 47
게 눈 감추듯 • 50
눈에 거슬리다 • 53
진땀 빼다 • 56
숨을 죽이다 • 59
숨을 돌리다 • 62
귀청 떨어지다 • 66
머리를 맞대다 • 69
코끝이 찡하다 • 73

간이 오그라들다 • 76
땀이 나다 • 80
귀가 밝다 • 84
이를 악물다 • 87
발바닥에 불이 나다 • 90
가슴이 내려앉다 • 93
어안이 벙벙하다 • 96
발 벗고 나서다 • 99
코에 붙이다 • 103
달밤에 체조 • 106
눈이 둥그레지다 • 109

눈 깜짝할 사이 • 113
마음에 들다 • 117
팔을 걷어붙이다 • 120
미간을 찌푸리다 • 124
날개를 달다 • 127
꼬리에 꼬리를 물다 • 131
머리를 쥐어짜다 • 135
꼬리를 내리다 • 138
뜸을 들이다 • 141
꽃을 피우다 • 144

부록_선생님, 관용어가 뭐예요? • 148

등장인물소개

박시은(6학년)
"아직 먹지 마! 사진 찍어야 해."
#핵인싸 #비주얼깡패 #좋아요
#SNS스타

정무창(6학년)
"네 탓이 절대 아니야."
#짠물은모르겠고진국은환영
#목구멍이간질간질

박시호(4학년)
"아무래도 누나가 수상해."
#애늙은이 #관찰왕
#사실누나껌딱지

정무율(4학년)
"할 게 이렇게 많은데 뭐가 심심해?"
#5분언니는피곤해 #난나만의길을간다
#황금손

정무영(4학년)
"심심한데 재밌는 일 없나?"
#치킨마니아 #먹방요정 #사고뭉치
#철드는건모르겠고맛있는건먹고싶다

복천

김도혁(6학년)
"정신 차려, 김도혁! 여기서 넘어지면 안 돼!"
#달리기대표 #시크남 #요즘대세

이주희(5학년)
"나도 '좋아요' 좀 받고 싶다구!"
#정보통 #질투는나의힘
#프로짝사랑러

제레미(5학년)
"OH MY GOD!"
#쫄보지만사고뭉치입니다
#말만잘해 #한글어려워

이경우(3학년)
"다른 사람 도와주면 나도 좋아."
#오지라퍼 #딱지왕
#노는게제일좋아

이야기가 술술 관용어가 쏙쏙

귀를 기울이다

토요일 아침부터 바깥이 소란스러웠다. 시호는 평소보다 일찍 눈을 떴다. 베란다로 나가 창밖을 내다보니 이사가 한창이다.

까치발을 들어 더 자세히 들여다보았다. 가족들이 열심히 짐을 나르고 있는 모습이 보였다. 딱 한 명. 여기저기 기웃거리며 농땡이를 피우는 여자아이만 빼고 말이다.

"하암, 무슨 이사를 벌써부터 하나. 어느 집이냐?"

시은이가 늘어지게 하품을 하며 곁으로 다가와 물었지만, 시호는 못 들었는지 계속 창밖만 내려다보았다. 슬렁슬렁 일하는 척만 하던 아이는 결국 엄마에게 꿀밤을 맞았다. 그 모습에 시호는 킬킬댔다.

"야, 박시호! 내 말 안 들려?"

"아침부터 왜 시비야?"

"어휴, 말을 말자. 오, 저 남자애 6학년쯤 되는 것 같은데? 근데 왜 저렇게 까매?"

 잠깐 관심을 보이던 시은이는 거실 소파로 가서 스마트폰을 들여다보았다. 여자아이가 건물로 들어오자 시호도 거실로 들어와 시은이 옆에 앉았다.

 그때였다. 현관문 밖에서 노랫소리가 들려왔다.

 "이사~송! 오늘은 이사 가는 날~ 이사~송! 짐을 나르자~ 짐을 나르자~."

"아, 정무영! 시끄러워."

"신나는데 어떡해. 이사~송! 13층으로~ 이사 간다~"

시호는 희미하게 들려오는 노랫소리에 **귀를 기울였다.** 시은이도 들었나 보다.

"헐, 설마 옆집? 대박사건. 인스타에 올려야겠다."

"띵동."

초인종이 울렸다. 시호는 쪼르르 달려가 현관문을 벌컥 열었다.

"아, 미안해. 내 동생이 실수로 눌렀나 봐."

피부가 까무잡잡한 남자아이였다. 시호보다 두 뼘은 더 크고 목소리도 낮은 게 딱 시은이 또래 같다.

그 뒤로 얼굴이 똑같이 생긴 여자아이 둘이 서 있었다. 왼쪽은 따분하다는 듯 하품을 하고 있었고, 오른쪽은 개구쟁이 같은 미소를 지으며 시호를 바라보고 있었다. 딱 봐도 오른쪽이 농땡이 치던 그 여자아이였다.

시호는 왠지 앞으로 재밌는 일이 생길 것 같은 예감이 들었다.

●글_손상희

> **귀를 기울이다** 다른 사람의 이야기에 관심을 가지고 잘 들어줄 때 사용하는 관용어예요. 꼭 귀를 쫑긋 세우라는 게 아니라, 말하는 사람을 바라봐 주기만 해도 돼요. 수업 시간에 선생님이 "친구의 이야기를 귀 기울여 들어주세요." 할 때 쓰는 말이지요.

손에 익다

"야야, 여기 봐봐! 전학생 완전 잘해!"

책상에서 슬라임 쇼를 벌이는 무율이 곁으로 친구들이 몰려들었다. 스압 스압 찹찹찹 스윽 스윽 춉춉춉. 콕콕이 소리가 장난 아니다.

"무율이? 무율아, 바풍 알려주라."

우당탕탕 커다란 발소리를 내며 달려온 시호가 무율이 책상에 딱 달라붙었다.

"콕콕이부터 하고 와."

"아~ 콕콕이? 알지 알지. 나 박 슬라임이잖아."

시호가 설레발을 치며 어제 산 꽃분홍색 풍선 슬라임을 열었다. 무율이를 따라 콕콕이를 했지만 야속한 슬라임은 주르륵 주르륵 흘러내리기만 했다.

"박 슬라임 좋아하시네. 박 초보, 비켜!"

옆에서 지켜보던 짝꿍 다연이가 시호를 밀쳐내고 슬라임을 주물렀다.

"이렇게 콕콕! 누르면서 꽉꽉 주물러야 바람이 빠지지. 해 봐."

"아하~ 이래서 사람은 배워야 하는구나. 큭!"

시호는 고개를 끄덕이며 슬라임에 손을 댔다.

그때 아이들의 환호성이 들려왔다.

"우우우아~ 정무율 대박!"

무율이가 아까보다 더 큰 소리로 슬라임을 바닥에 내리쳤다. 투명하고 커다란 바풍이 생겼다. 머리보다도 컸다. 부러운 눈길로 쳐다보던 시호는 입을 다부지게 다물고 슬라임을 주물렀다. 쫙쫙 쩌억쩍. 슬슬 느낌이 왔다. 차압. 들어올린 슬라임, 손이 바르르 떨렸다. 손목에 힘을 주고 슬라임을 넘겼다. 퍽 소리를 내며 꺼졌다.

"이런 된장, 된장!"

시호는 고개를 갸우뚱하며 무율이의 손짓을 유심히 관찰했다. 무율이는 슬라임을 쭈욱 늘리고 숨을 가다듬으며 아래로 착 내려놓았다. 책상 가득 커다란 바풍이 생겼다.

'착 내리는 타이밍, 이게 중요하구나.'

시호는 슬라임을 꽉꽉 주물렀다. 그리고는 쭈욱 들어 올렸다. 이제 슬라임이 **손에 익어** 마치 하나가 된 것 같았다. 착 내려놓는 순간 분홍색 풍선이 생겼다.

"봐봐, 내가 박 슬라임 맞지?"

다들 무율이를 구경하느라 바빠 관객은 짝꿍 다연이가 전부였다. 아무렴 어때? 시호는 뿌듯한 마음에 어깨를 으쓱거렸다.

●글_이봉금

손에 익다 삼겹살이 불판에서 맛있게 익은 것처럼 내 손이 익어 버렸다는 걸까요? 아님, 뜨거운 햇볕에 손이 빨갛게 탔다는 걸까요? '손에 익다'는 어떤 일에 익숙해진다는 뜻의 관용어예요. 처음 줄넘기를 할 때는 무척 어렵지만, 자꾸 연습하다 보면 손에 익게 되지요.

눈을 의심하다

　5, 6학년이 바글바글 모인 강당 안에서 찰칵, 소리가 났다. 주희가 고개를 돌리니 역시나, 시은이가 셀카를 찍고 있었다.
　'시도 때도 없이 사진이야. 머리는 텅텅 비어 가지고.'
　"김도혁, 여기 봐봐."
　'뭐, 도혁 오빠?'
　시은이의 말에 주희는 화들짝 놀랐다.
　'언니가 뭔데 도혁 오빠랑 셀카를 찍어?'
　주희는 날카롭게 시은이를 쏘려봤다. SNS 스타인 시은이는 셀카 하나에 '좋아요'가 몇백 개는 달렸다.
　'도혁 오빠랑 같이 찍어서 좋아요를 더 받겠다는 거야 뭐야?'
　훌쩍 큰 키와 길쭉한 팔다리, 끝이 살짝 올라간 눈, 시크한 성격까지. 도혁이는 빛나초등학교 최고 인기남이다. 이미 알음알음 소문이 나 다른 학교 여자애들도 일부러 도혁이가 출전하는 육상 대회에 응원을 갈 정도였다. 그런 도혁이를 팔아 인기를 더 끌겠다는 시은이의 뻔한 수작이 주희는 마음에 들지 않았다. 무엇보다 시은이가 자신의 짝남을 빼앗으려는 것 같아 더 미웠다.

'나도 같이 찍고 싶다. 한번 말이나 해 볼까? 오빠가 싫다고 하면 어떡하지?'

며칠 전 갑자기 소나기가 내리던 날이었다. 우산이 없어 발만 동동 구르던 주희에게 누군가 옆에서 툭 우산을 건넸다.

"야, 이거 써."

도혁이었다. 우산을 쓰고 집까지 걸어가는 길, 주희의 심장에서 종소리가 들렸다. 짝사랑의 시작이었다.

주희는 집에 도착하자마자 도혁이의 페이스북에 들어가 친구 신청도 하고, 남몰래 염탐도 했다. 도혁앓이에 빠진 주희는 도혁이에 관한 정보라면 무엇이든 다 수집했다. 페이스북 활동 내역까지도.

그러다 도혁이가 시은이의 사진에 '좋아요'를 누른 것을 발견하게 된 것이다. 그것도 생각보다 많이. 주희는 **눈을 의심했다**.

'뭐야, 오빠가 시은이 언니를 좋아하나?'

아직 고백도 못한 짝사랑이 무너지는 기분이었다.

'두고 봐. 오빠가 날 더 좋아하게 만들겠어. 김도혁, 넌 내 남자야!'

주희는 아픈 마음을 어루만지며 다짐했다. 그러고는 휴대폰을 켜 도혁이 사진을 보았다. 트랙에서 달리기 연습을 하는 모습을 몰래 찍은 사진이었다.

"하, 왜 이렇게 멋있는 거야."

● 글_윤우주

> **눈을 의심하다** 믿을 수 없는 일을 마주쳤을 때 사용하는 관용어예요. 눈앞에 벌어진 일이 진짜인지 의심스러울 정도로 믿기 힘들다는 뜻이지요. 내가 좋아하는 연예인이 내 생일파티에 몰래 온다면 눈을 의심하게 되지 않을까요?

미역국 먹다

"똥훼물과 뻭뚜사늬~ 마르고 닳도록~"

노란 머리에 푸른 눈, 새하얀 얼굴을 한 어른 남자가 목에 핏대를 세우며 애국가를 열창하고 있다. 그리고 어딘지 모르게 그와 닮은 노란 머리에 푸른 눈, 새하얀 얼굴을 한 남자아이가 그를 못마땅한 표정으로 바라보고 있다.

"Papa, Too loud!"

"Hey, man. 애국가 외워야 해."

"Okay. 작게 불러. 나 이거 숙제 빨리 해야 해."

"All right. 제레미, Sorry."

제레미 집은 난데없는 애국가로 시끌벅적하다.

아빠 마이크, 엄마 레이첼, 그리고 제레미. 그들이 이 복천아파트에 살게 된 것은 5년 전 일이다. 마이크가 대학교에서 학생들을 가르치게 되어 가족이 함께 이민 온 것이다.

처음 밟은 한국 땅은 낯설었지만, 지금 제이미 가족은 고향인 미국만큼 한국을 사랑하게 되었다. 그중에서도 마이크의 한국 사랑은 각별했다.

"하느님이 보우하사 우리 나라 만세~"

"No, Papa! Too Noisy! 시끄럽다구."

마이크는 내일 있을 귀화 면접시험을 위해 애국가를 연습하고 있었다. 그 목소리가 어찌나 큰지 제레미는 도통 숙제에 집중할 수 없었다. 숙제를 빨리 끝내고 놀이터에서 무영이와 경우를 만

나기로 했는데……. 시계를 힐끔 본 제레미는 점점 더 초조해졌지만 아빠의 애국가는 끝날 기미가 보이지 않았다.

"무궁화 삼천리 화려가앙쏸~ 돼한사람~ 돼한으로~"

"Papa!"

"제레미, Sorry, 내일 **미역국 먹으면** 안 돼. 연습해야 해."

"What?"

제레미는 조용히 좀 하랬더니 갑자기 미역국 타령을 하는 아빠를 이해할 수 없었다. 고개를 절레절레 저으며 어쩔 수 없이 숙제하던 것을 챙겨 들고 방으로 들어갔다. 그러고는 있는 힘껏 문을 쾅! 닫았다.

●글_손상희

미역국 먹다 시험에 떨어진다는 의미의 관용어예요. 고소하고 맛이 있는 미역국 입장에서는 억울하겠어요. 미역이 주는 미끌미끌한 느낌 때문에 시험에서 미끄러진다고 생각했을까요? 비슷한 말로는, 어떤 일을 망쳤다는 의미의 '죽을 쑤다'가 있답니다.

눈이 번쩍 뜨이다

'망했다. 이제 어쩌지?'

시은이는 절망적으로 주저앉았다. 어쩐지 상태가 안 좋다 싶더라니. 집에 가기 전에 설마 하고 확인해 보았더니 뒷모습에 붉은 얼룩이 생긴 것이다.

'계속 이러고 다닌 건 아닐 거야. 아까 화장실 갈 때까지는 괜찮았으니까.'

문제는 집에 어떻게 가느냐다. 시은이는 누군가와 마주칠까 봐 걱정이 되었다. 주위를 살피며 조심스레 체육관 화장실에서 빠져나왔다.

"박시은? 여기서 뭐 해?"

갑자기 등 뒤에서 들려오는 소리에 시은이는 소스라치게 놀랐다. 남자 화장실 앞에 남자아이가 서 있었다. 옆집에 사는 전학생이다. 아직 이야기를 해 본 적이 없어서 어떤 아이인지 아는 것이 하나도 없었다. 남자애들이 짠물, 짠물 하고 부르는 걸 몇 번 들었을 뿐이었다.

"정무창? 넌 여기서 뭐 해?"

"도혁이랑 체육 선생님 만나러 왔다가 잠깐 손 씻으려고. 넌?"

"나는, 어, 그냥 거울 좀 보려고."

"그래. 근데 너 어디 아파?"

"아니? 전혀 안 아픈데?"

시은이는 어색하게 정면만 바라보았다. 혹시 봤으면 어쩌나

마음이 조마조마했다. 다행히 무창이는 고개를 끄덕이더니 별말 없이 아래층으로 내려갔다.

시은이는 재빨리 휴대폰을 꺼내 들었다.

'누구한테 와 달라고 하지?'

그 때 누군가 올라오는 소리가 들렸다. 무창이었다. 급하게 계단을 뛰어 올라온 무창이가 손에 든 것을 내밀었다. 후드집업이었다. 시은이의 **눈이 번쩍 뜨였다**.

"육상부 옷이야. 도혁이 거. 방금 체육 선생님이 나눠 준 거라 애들이 봐도 누구 옷인지 모를 거야."

"……."

"육상부 애들 금방 올 거야. 빨리 가."

무창이는 그 말을 남기고 다시 계단을 뛰어 내려갔다. 시은이는 얼떨떨한 기분으로 손에 들린 후드집업을 내려다보았다.

"헐. 대박."

어디선가 SNS 스타인 시은이가 가장 좋아하는 소리가 들려왔다. 좋아요, 좋아요, 좋아요. 차이점이 있다면 이번에는 그 소리가 시은이의 마음속에서 들렸다는 거다.

●글_김지은

눈이 번쩍 뜨이다 정신이 번쩍 든다는 뜻의 관용어예요. 좋은 상황이나 나쁜 상황 둘 다 쓰일 수 있어요. 눈이 번쩍 뜨일 만큼 좋아하는 일이 있나요? 밤새 숙제를 열심히 했는데, 그 위에 콜라를 엎어 버리면 눈이 번쩍 뜨일 것 같네요.

눈이 멀다

"아저씨! 짱딱지 한 빡-스 주세요!"

"한 박스? 오메, 맨날 한 개씩 사 가더니 오늘은 뭔 일이여?"

경우는 주머니 속에서 꼬깃꼬깃 접혀진 지폐를 꺼내 문구점 아저씨에게 건네며 씩 웃었다. 그동안 힘들게 모은 돈이었다.

딱지 박스를 받자마자 마음이 급해졌다. 빨리 딱지를 확인하고 싶었다. 휙 돌아서 나오려는데 아저씨가 불러세웠다.

"아가, 거스름돈 받아 가야제. 정신이 없구만."

"아, 맞다! 네, 네……."

경우는 짱딱지에 홀려 거스름돈을 대충 주머니에 구겨 넣고 바닥에 주저앉아 정신없이 박스를 풀었다. 박스째로 사야만 들어 있는 대왕딱지. 그것을 찾기 위해서였다.

"대박! 이건 전설 캐릭터? 잘 안 나오는 건데……."

박스 안에 자리 잡은 건 누런 황금색 대왕딱지. 좀처럼 나오지 않는 희귀템이다. 경우는 감격에 겨워 말을 잇지 못했다. 납작해서 잘 넘어가지 않을 뿐더러 크기도 커서 다른 딱지를 잘 넘길 수도 있다. 경우는 마음이 발랑거렸다.

다음 날, 경우의 가방은 가득 든 짱딱지 때문에 무거웠지만 학교 가는 발걸음은 여느 때보다 가벼웠다. 심지어 든든한 느낌마저 들었다.

경우가 전설 딱지로 내리치자 친구들의 딱지는 힘없이 홀라당 넘어갔다. 딱지는 점점 더 많아져 가방에 다 넣을 수 없을 지경이 되었다. 경우는 씰룩거리는 입꼬리를 숨길 수 없었다. 그때 딱지왕 재현이가 다가왔다.

"전설 걸고 한판 붙을래?"

"뭐? 이 딱지 보고도 그래? 이번에 이기면 딱지왕은 나야!"

경우는 오늘처럼 착착 넘어가는 딱지치기는 처음이라 뭐든 다 넘길 수 있을 것 같았다. 대결을 보려고 아이들이 몰려들었다. 재현이는 높이 점프를 해 딱지를 팍 내리쳤다. 딱지가 넘어갈 듯 말 듯 깔딱거렸다. 경우는 가슴이 조마조마했다.

"어…… 어…… 어?"

경우와 재현이를 비롯해 모두의 눈이 깔딱거리는 경우의 딱지에 집중됐다.

"어허, 지금 시작종이 쳤는데 아직도 딱지 치는 친구 있어요? 딱지 전부 가져오세요. 전부!"

선생님의 불호령에 친구들은 순식간에 자리로 돌아갔다. 선생님께 딱지를 내고 나니 경우 가방은 텅 비었다. 준비물인 리코더도 없었다. 집에 가는 길에 떡볶이 사 먹을 돈도 없었다.

하지만 짱딱지에 **눈이 먼** 경우에게 그런 건 하나도 중요하지 않았다. 경우는 온 세상을 잃은 것처럼 수업시간 내내 딱지를 돌려받을 방법만 궁리했다.

●글_김빛나

> **눈이 멀다** 어떤 일에 마음이 홀려서 다른 일은 생각하지 않고 무턱대고 행동하는 모습을 가리킬 때 사용하는 관용어예요. 무언가에 정신을 홀딱 빼앗겨 버리면 다른 건 눈에 보이지도 않게 되지요. 하지만 아무리 100점에 눈이 멀어도 커닝을 하면 안 돼요.

선심 쓰다

"야, 정무영! 너 자꾸 언니라고 안 하고 너라고 할래?"
"흥, 제레미가 그러는데 미국에서는 나중에 나온 애가 언니래. 하긴 무율이 네가 알 리가 없지."

무영이가 쿵쿵 발소리를 내며 거실로 나갔다. 무율이는 그 뒤통수에 대고 미국 가서 살라며 소리쳤다.

무영이는 씩씩대며 엄마 옆에 앉아 궁시렁거렸다.

"언니는 무슨, 아, 몰라. 한번만 빌려 주라고 해도 꼭 저래."
"네가 지난번에 무율이 옷 망쳐 놔서 그러잖아. 부잡스럽기는."

무영이는 매일 천방지축 쏘다니느라 양말이고 옷이고 엉망이다. 그래도 무조건 안 된다고 하니 짜증이 났다.

"이번엔 진짜 안 그럴 건데."
"무율아, 한 번만 빌려 줘라."

엄마의 구슬림에도 무율이는 꿈쩍도 하지 않았다. 방문까지 닫아 버렸다. 굳게 닫힌 방문을 째려보던 무영이가 벌떡 일어나 집 밖으로 나갔다.

잠시 후 돌아온 무영이의 손에 검은 비닐봉지가 들려 있었다.

"엄마~ 오빠~ 이리 와서 앉아 봐."

무영이는 코맹맹이 소리로 엄마와 무창이를 불렀다.

"이거 알아? 이영자가 먹었다던 감동 떡볶이야. 내가 용돈 탈 탈 털었잖아."

"와, 치즈 많은 것 좀 봐. 떡볶이가 안 보일 정도인데? 거의 이불이다."

무창이가 일부러 소리 높여 말했다.

슬며시 열린 방문 틈으로 무율이가 빼꼼 고개를 내밀었다. 무영이가 불그작작한 떡볶이에 치즈를 돌돌 말아 한입에 집어넣었다. 무율이는 침을 꿀꺽 삼켰다.

"나 큰손 정무영, 알지? 얼른 와서 먹어. 착한 동생님이 **선심 쓴다**."

무영이가 큰 소리로 무율이 방 쪽을 향해 말했다. 그런다고 냉큼 달려올 무율이 아니다.

'흥, 됐거든!'

자존심이 빼꼼 머리를 내밀었다.

하지만 몸은 영 딴판이었다. 망설이지도 않고 제멋대로였다.

무율이는 홀린 듯 다가와 거실 탁자 앞에 앉고 말았다. 떡볶이를 한입에 꿀꺽, 자존심도 함께 꿀꺽. 매콤한 소스를 감싸 주는 고소하고 쫄깃한 치즈의 향연이 입안 가득 퍼졌다.

"아~ 이 맛이야."

● 글_이봉금

> **선심 쓰다** 선심(善心)은 친절한 마음이에요. 선심 쓴다는 말은 다른 사람에게 친절을 베푼다는 뜻의 관용어지요. 폐지를 주워 모은 돈을 어려운 형편의 학생들에게 기부했다는 할머니의 소식을 들은 적 있나요? 넓고 따뜻한 마음으로 서로에게 선심 쓰는 세상이 되었으면 좋겠어요.

마음을 먹다

"야, 패스! 패스!"

오늘도 남자아이들은 운동장에서 축구 삼매경이다. 등나무 그늘 아래서 수다를 떨던 5학년 여자아이들은 곁눈질로 운동장을 흘끔거렸다.

"도혁 오빠가 이번에도 대회 1등 했다더라."

"헐, 대박. 이러다 나중에 국가대표 되는 거 아니야?"

"인기 완전 많을 듯. 얼굴 미쳤어, 진짜. 오빠 눈 밑에 눈물 점 알지? 그게 또 매력 포인트거든. 하, 얼굴만 봐도 설렌다."

"확실히 키가 크고 다리가 기니까 달리기를 잘하나 봐. 역시 우리 오빠, 타고난 국가대표!"

'우리 오빠는 무슨. 아무것도 모르면서.'

주희는 보았다. 새벽같이 트랙에 나와 가장 늦게 돌아가는 도혁이의 성실함을. 아침에도, 중간 놀이 시간에도, 학교가 끝난 후에도 도혁이는 항상 트랙을 달렸다. 유리한 신체조건이 다가 아니었다. 도혁이의 기록은 그동안의 땀방울이 빚어낸 것이었다.

"우리 오빠 진짜 시크한 거 알지? 완전 얼음이야. 같은 반 언니들이랑 별로 이야기도 안 한대. 집에서도 되게 무뚝뚝할 것 같아."

도혁이의 친절은 무심함에서 나왔다. 어쩌다 툭툭 던지는 말과 행동이 사려 깊었다. 주희는 소나기 내리던 그 날의 우산을 떠올렸다. 그런 걸 보면 어쩌면 도혁이는 따뜻한 사람일지도 모

른다는 생각이 들었다.

도혁이에 대해 알면 알수록 주희는 더 깊게 빠져들었다. 친구들이 모르는 도혁이의 진짜 모습을 자신만 알고 있다는 생각에 우쭐하기도 했다.

'난 달라. 겉모습만 보고 꺅꺅대는 쟤네들이랑은 차원이 다르다고. 내 마음은 진짜야.'

방금까지 도혁이 예찬을 늘어놓던 친구들은 이제 어느 학교의 누가 잘생겼더라 하는 이야기에 빠져 있었다. 주위에서 뭐라고 하든 간에 주희의 눈은 오직 도혁이만을 향했다.

강한 햇볕에 얼굴이 벌겋게 달아오른 도혁이가 한쪽 눈을 자꾸 깜빡였다. 이마의 땀이 눈으로 흐른 탓이었지만, 주희는 또 심쿵하고 말았다.

'윙크하는 거야? 뭐야, 미쳤어! 심장 뛰어. 후아, 진정해 이주희!'

떨리는 마음을 애써 진정시키며 주희는 도혁이를 자신의 남자 친구로 만들고 말리라 다시 한 번 **마음을 먹었다**.

●글_정하연

마음을 먹다 보이지 않는 마음을 와구와구 먹어치울 수는 없겠지요? 마음을 먹는다는 말은 무언가 결심한다는 뜻의 관용어예요. 사람들은 새로운 한 해가 되면 저마다 무언가 마음을 먹지요. 올해는 친구들에게 따뜻한 한마디를 건네도록 마음을 먹어 보는 건 어때요?

마른침을 삼키다

 기다리고 기다리던 체험학습 날이 되었다. 이번에는 3학년과 5학년이 가는 날이다.
 5학년은 환상랜드에 도착했다.
 "꼭 학교에서 정한 모둠끼리 돌아다니고, 12시까지 여기 시계탑으로 모이세요."
 선생님의 말씀이 끝나자 아이들은 자기 모둠 친구들을 찾기 바빴다. 4모둠인 주희, 제레미, 호승이, 희연이가 가장 먼저 모였다.
 "우리 뭐부터 탈까? 범퍼카?"
 "그래. 몸 풀기로 범퍼카 오케이. 고고고."
 범퍼카 핸들을 잡는 순간, 다들 카레이서라도 된 듯 운전을 했다. 이리쿵저리쿵 부딪치는 그 맛이 짜릿했다. 온몸에 승부욕이 발동했다.

"이제 뭐 탈까? 바이킹?"

"귀신의 집은 어때?"

"호승, 귀신의 집? 뭐야?"

"제레미, 고스트 알지? 고스트 나오는 곳이야."

제레미는 하늘을 가르며 오르락내리락하는 바이킹을 쳐다봤다. 멀미가 밀려왔다. 그렇다고 귀신의 집은 더욱 싫었다. 고스트라니! 상상만으로도 소름 돋을 정도로 끔찍했다.

"다른 거는?"

"안내지도 보고 골라 보던지."

"I don't know. 한글 몰라. 제레미 미국 사람."

"뭐래? 말은 저렇게 다하면서. 모르면 그냥 바이킹 타."

차례를 기다리며 제레미는 바이킹 타는 사람들을 지켜봤다. 안전바가 내려와서 몸을 꽉 잡아 주긴 했지만 그걸로 충분할까 싶었다. 머리가 핑, 속이 울렁거렸다. 심장이 쿵쿵쿵. 1초에 100번은 뛰는 것 같았다.

"주희, 나 화장실."

"아까 갔잖아. 너 무서워서 그러지?"

주희가 그 맘 다 안다는 듯 피식 웃었다. 제레미는 입이 바짝바짝 말랐다. 뱃속도 뒤틀리는 듯했다. 꽉 쥔 주먹 안으로 땀이 흥건했다.

'이제 와서 안 탄다고 하면? Oh no! I can do it.'

드디어 차례가 왔다. 잔뜩 긴장한 제레미는 입을 굳게 다물고 바이킹에 올라탔다. 뿡뿡 출발신호가 들리자 제레미는 **마른침을** 꿀꺽 **삼켰다**.

"바이킹 출발합니다. 머리 위로 손 들고 함성~ 함께 떠나요~ 환상의 나라로!"

●글_이봉금

마른침을 삼키다 당황하거나 긴장하면 입이 바짝바짝 마르곤 하지요. 마른침을 삼킨다는 말은 아주 긴장하고 초조한 상태를 표현하는 관용어예요. 명탐정이 누군가를 범인이라고 지목한다면 그 사람은 마른침을 삼키게 될 거예요.

맥이 풀리다

　어느새 체험학습을 마치고 돌아갈 시간이 다가오고 있었다. 선생님이 3학년 아이들을 불러모았다.
　"얘들아, 이제 버스 탈 거예요. 중간에 화장실 못 가니까 지금 모두 다녀오기!"
　선생님의 말씀에 짧았던 자유시간도 끝이 났다.
　"헥헥, 아! 아까워! 너만 잡으면 다섯 명 채우는 건데!"
　"으헤헤헤, 나 잡기 힘들지? 딱지왕에 이어 달리기왕이다! 물 내놔."
　점점 뜨거워지는 태양 아래 경우와 재현이는 가쁜 숨을 몰아쉬며 이야기했다. 얼마나 열심히 뛰었는지 경우는 벌써 세 병째 생수를 들이켰다. 목을 타고 흐르는 미지근한 물마저 달콤했다. 친구들 물까지 몽땅 마신 경우의 배는 물로 가득 차 출렁거렸다.
　"야, 화장실 안 가? 선생님이 다 갔다 오라잖아."

"너나 다녀와. 난 됐거든."

재현이의 다그침에도 경우는 심드렁하게 대답했다. 살짝 신호가 오긴 했지만, 냄새 고약한 화장실에 다시는 가고 싶지 않았다. 이쯤은 거뜬히 참을 수 있을 것 같았다. 하지만 차가 출발하자마자 오줌보에 노란불이 들어오고야 말았다.

'어? 아까는 괜찮았는데……. 망했다.'

경우는 최대한 평화로운 표정을 지으려 노력했다. 하지만 씰룩이는 눈썹과 오줌보를 조이기 위해 바삐 움직이는 엉덩이만은 숨길 수 없었다. 버스는 경우 마음도 모르고 이리 쿵, 저리 쿵 흔들거렸다. 머릿속은 하얘지고 다리는 꽈배기마냥 꼬여 갔다. 경우 자신과의 사투가 시작된 것이다.

"박재현, 학교 도착하려면 많이 남았어?"

"왜? 너 오줌 마렵지? 선생님 말씀 안 듣더니 쌤통이다!"

물음에 답은 안 하고 놀리는 재현이가 얄미웠지만 대꾸할 힘도 없었다. 금방이라도 폭포수가 되어 쏟아질 것 같아 배를 조여 오던 안전벨트를 슬며시 풀었다.

경우는 버스에서 내리자마자 뒤도 돌아보지 않고 건물 안으로 직진했다. 머릿속은 가장 가까운 화장실을 찾느라 바빴다.

"하……. 참을 수 있다. 후우~ 후우우~ 신이시여, 제발 이번만 살려 주시면 다신 장난 안 칠게요."

경우는 신발을 내팽개치고 부리나케 1층 화장실로 달려갔다.

화장실이 가까워질수록 오줌보는 크게 부풀어 올라 금방이라도 터질 것만 같았다.

"다 왔어. 조금만 더 참자!"

하지만 신은 매정했다. 코너를 쑥 돌아 화장실 표지판을 보자 안도감에 **맥이** 탁 **풀렸다**. 그 순간 바지 사이로 뜨거운 것이 흘러 내렸다. 경우의 다리를 타고 주르르르륵. 눈에서도 뜨거운 것이 주룩주룩 주르르륵. 기어이 끔찍한 일이 벌어지고야 말았다.

●글_김빛나

> **맥이 풀리다** '맥'은 기운이나 힘을 뜻해요. 그러니 맥이 풀린다는 말은 갑자기 힘이 확 풀렸다는 의미의 관용어지요. 몹시 긴장한 상태에서 무언가 끝마치고 나면 온몸의 기운이 풀리고 피로가 잔뜩 몰려와요.

시치미를 떼다

무율이는 소변검사 때문에 붐비는 4학년 화장실을 피해 비교적 한가한 1층으로 향했다. 한 남자아이가 화장실 앞에 서 있었다. 옷차림을 보아하니 오늘 체험학습을 간 3학년 학생 같았다.

'벌써 끝나고 돌아온 건가. 어? 경우 아니야?'

그 순간 경우와 무율이의 눈이 딱 마주쳤다. 평소 같았으면 반갑게 인사할 경우인데 오늘은 좀 이상했다. 무율이가 손을 흔들었지만 경우는 보는 둥 마는 둥 했다.

'헐! 하필 지금. 무영? 무율? 먼저 인사하는 거 보니 무영이 누나? 하, 제발 지금은…….'

경우는 무율이가 다가올수록 초조해졌다. 울고 있는 것도 창피한데 오줌 싼 것까지 들킨다고 생각하니 쥐구멍에라도 숨고 싶었다. 경우는 얼른 얼굴을 문질렀다.

"아……. 그게 아니라. 무영이 누나 왜 여기 있어?"

"뭐? 화장실 가려고. 근데 너 눈이 빨간데? 울어?"

"어? 아무것도 아니야, 저리 가!"

"으앗, 뭐야?"

무율이의 양말에 기분 나쁜 축축한 기운이 느껴졌다. 학교 화장실에서 맡았던 찌르르한 냄새도 함께 올라왔다. 무율이는 깜짝 놀랐다. 노란 물줄기가 바닥에 흥건했던 것이다.

"너, 혹시……?"

무율이는 입이 떡 벌어진 채로 축축하게 젖은 경우의 바지와 바닥을 번갈아 쳐다봤다.

"크크크크큭, 무슨 상상하는 거야? 내가 지금 몇 살인데 여기서 오줌을 싸!"

경우가 웃으며 **시치미를 뗐다**. 장난꾸러기 무영이에게 사실을 들켰다간 온 동네에 소문이 날 게 뻔했기 때문이다.

"오줌 같은데? 정확하게 말해."

무율이가 인상을 찌푸리며 말했다.

"하하하! 음료수야, 음료수! 색깔이 완전 오줌 같긴 한데. 음, 내가 여기 서서 마시고 있었거든. 근데 누가 갑자기 쳐 가지고 음료수가 다 쏟아져서……."

"야, 어딜 봐서 이게 음료수야? 양말 다 젖었네. 아, 짜증나."

"어?"

오줌이라는 걸 알고도 놀리지 않다니. 평소의 무영이답지 않은 모습에 경우는 어리둥절했다. 경우는 다급하게 외쳤다.

"누나! 무영이 누나야, 무율이 누나야?"

무율이는 슥 한번 돌아보더니 대답도 안 하고 화장실로 들어가 버렸다. 그 모습에 경우는 묘한 안도감이 들었다.

●글_김빛나

시치미를 떼다 자기가 하고도 안 했다고 하거나 알면서도 모르는 척할 때 쓰는 관용어예요. 시치미는 조상들이 자신의 매에게 달아준 이름표래요. 그런데 매 도둑이 이것을 떼어 버리고 매를 자기 것이라고 우겼대요. 자기 것도 아니면서 시치미를 뚝 떼다니, 정말 얄밉죠?

눈에 띄다

 시호가 읽고 있던 동화책을 탁 덮었다. 무영이는 어리둥절한 표정으로 시호를 쳐다보았다.
 "아무래도 누나가 이상해."
 "그게 무슨 소리야."
 "요즘 갑자기 안 하던 짓을 한다니까? 드디어 죽을 때가 된 걸까?"
 시호는 주변을 살피더니 목소리를 낮춰 은밀하게 속삭였다.
 "잘 들어 봐. 일단, 아침마다 내가 늦잠 자도 기다렸다가 같이 학교에 가. 예전엔 한 번도 같이 간 적 없거든. 빨리 좀 하라고 짜증내면서 왜 맨날 같이 가는 거지?"
 "그래? 나는 아침에 만날 때마다 둘이 같이 있어서 엄청 사이가 좋은 줄 알았지. 나랑 오빠처럼."
 "절대 아니야. 저번에는 급식실에서 후식으로 나온 케이크를 나한테 줬어. 난 진짜 독이라도 탄 줄 알았다니까? 원래 내 걸 뺏어 먹어야 정상이라고."

"맛있는 걸 준다고? 그건 찐 사랑이야. 언니가 너 무지 아끼나 보다."

"우웩~ 너 자꾸 토 나오는 소리 할래? 그리고 어제는 누나네 담임 선생님이 엄마한테 전화를 했는데, 누나 수업 태도가 **눈에 띄게** 좋아졌다고 그렇게 칭찬을 하더래. 발표도 잘하고 수업시

간에 딴짓도 안 한대. 참나, 엄마도 그런 전화는 처음 받아 봐서 '우리 시은이 담임 선생님 맞으시죠?' 하더라니까."

"듣다 보니까 진짜 뭔가 수상한 것 같기도 하고……."

"지금도 봐."

시호는 턱 끝으로 건너편을 가리켰다. 졸리는지 눈을 끔뻑이면서도 애써 책을 펴고 꼿꼿하게 앉은 시은이가 보였다.

"책만 펴면 자는 사람이 도서관에는 왜 와?"

턱이 빠져라 하품하는 시은이를 보며 시호는 혀를 쯧쯧 찼다. 무영이도 고개를 갸웃거리며 시은이를 바라보았다. 고개를 숙이고 책 뒤에 숨은 시은이는 자꾸 어딘가 힐끔거렸다.

"어디를 보는 거지?"

시선의 끝에는 무창이가 있었다. 한참 동안 둘을 번갈아 보던 무영이가 "아!" 하고 무릎을 탁 쳤다. 그리고 귓속말로 시호에게 뭐라 뭐라 속닥였다. 눈이 똥그래진 시호가 두 손으로 입을 틀어막으며 중얼거렸다.

"헐~ 대박."

● 글_정하연

> **눈에 띄다** 원래는 잘 보이지 않던 것이 어느 순간부터 확 드러났을 때 사용하는 관용어예요. 보통 내가 관심 가지는 것이 눈에 잘 띄지요. 축구를 좋아하면 좋아할수록 더 잘하고 싶어지고, 축구를 잘하는 친구가 눈에 띄는 것처럼요!

게 눈 감추듯

　무율이가 자리에 앉자마자 무영이가 식판째 들고 달려왔다. 늘 그랬듯이 무율이는 꽃게를 무영이 식판에 넘겨 주었다.
　"어? 무율이는 꽃게 안 먹어?"
　옆자리에 있던 시호가 물었다.
　"으, 이걸 무슨 맛으로 먹냐? 고기도 아니고."
　무율이가 인상을 찌푸리며 말했다.
　"대박. 이거 엄청 맛있는데. 그럼 나도 하나만 주라!"
　이번에는 시호까지 달려들어 빨간 집게다리를 들고 갔다. 무율이는 젓가락으로 조개만 몇 개 남은 국을 휘휘 저었다.
　'쟤네는 저 딱딱한 게 뭐가 그렇게 맛있다고…….'
　시호는 꽃게 살을 바르느라 정신이 없었다. 무영이는 더 못 봐 줄 지경이었다. 꽃게에서 흘러나온 국물이 여기저기 뚝뚝 떨어져 하얀 옷은 이미 국물 범벅이었다. 하지만 개의치 않고 집게다리

50

를 계속 쪽쪽거렸다. 무율이는 한심한 듯 무영이에게 말했다.

"좀 닦고 먹어라. 그거 내 옷 아니야? 다 묻었잖아!"

"근데 너네 그 전에 살던 데가 바다 쪽 아니야? 무율이는 꽃게 왜 안 먹어?"

시호의 물음에 무영이가 싱글벙글 웃으며 대신 대답했다.

"쟤 어렸을 때 꽃게에 물렸어. 뭐, 나야 고맙지. 무율이가 먹을 거 내가 다 먹잖아."

"안 먹는 이유가 고작 그거야? 먹어 봐! 너무 맛있어서 깜짝 놀랄걸? 나도 옛날에는 안 먹었어."

시호마저 손가락을 쪽쪽 빨며 무율이에게 말했다. 무영이도 먹어 보라며 재촉했다. 어쩔 수 없이 무율이는 눈을 꼭 감고 아이들이 시키는 대로 했다.

다리를 잡고 살이 차 있는 몸통 부분을 한입에 쏙 넣자 딱딱한 배 껍질이 입천장에 닿았다. 어금니로 '악' 하고 깨물자 하얗고 폭신한 속살이 입 안 가득 들어왔다. 달달한 바다향이 온몸 가득 퍼지자 무율이는 황홀해졌다.

'대박……. 이걸 이제야 먹다니!'

무율이는 조용히 배식대로 가서 꽃게탕을 더 받아왔다. 정성스럽게 게 다리까지 하나하나 뜯었다. 얇은 다리는 희한하게 빨면 빨수록 깊은 맛이 배어 나와 왜 다들 쪽쪽거리는지 알 것 같았다. 마침내 꽃게를 **게 눈 감추듯** 먹어 치웠다. 그 모습을 본 시호가 물었다.

"맛이 어때?"

"쫌 먹을 만하네."

무율이는 한쪽에 잔뜩 쌓인 게 껍질을 가리키며 눈을 찡긋 해 보였다.

●글_김빛나

> **게 눈 감추듯** 게와 눈이 마주쳐 본 경험이 있나요? 게는 겁이 많아서 급히 눈을 감아 버린답니다. '게 눈 감추듯'은 음식을 허겁지겁 빨리 먹어 치워 버린다는 의미의 관용어예요. 아주 배가 고플 때 좋아하는 음식이 눈앞에 있다면 누구든 게 눈 감추듯 먹어 버릴 거예요.

눈에 거슬리다

점심시간, 등나무 그늘 아래로 여자아이들이 몰려들었다. 시은이가 들고 있는 휴대폰, SNS 스타라면 누구나 사용하는 바로 그 휴대폰 때문이었다.

"언니, 폰 바꿨어? 이거 새로 나온 거 맞지? 광고하는 거 봤어."

"그냥 들고만 있어도 느낌 있다. 셀카 찍을 때 나 한 번만 빌려주면 안 돼?"

등교 이후로는 학교 일과가 끝날 때까지 휴대폰을 꺼내지 않는 것이 규칙인데, 아이들은 까맣게 잊은 모양이다. 6학년부터 주변의 동생들까지 차례로 돌아가며 시은이의 휴대폰으로 셀카 찍기에 바빴다.

"헐, 기본 카메라로 찍은 게 이 정도야? 진짜 예뻐. 완전 여신 아니냐?"

"우리 수학여행 가서 이걸로 사진 찍자. 장난 아니겠어."

"그래. 내가 너희 다 인생 샷 건지게 해 줄게."

잔뜩 신난 아이들과 달리 주희의 기분은 점점 어두워졌다.

'어휴, 저 관종. 저거, 나도 갖고 싶었던 폰인데. 짜증나.'

주희는 자신의 휴대폰을 떠올렸다. 새 걸 산다고 해도 저렇게 비싼 걸 사 줄 리 없지만, 괜히 아쉬운 마음이 드는 건 어쩔 수 없었다. 저 휴대폰만 있으면 시은이처럼 옷을 잘 입지 않아도, 예쁜 표정을 짓지 않아도 인기 있는 사진을 찍을 수 있을 것만 같았다. 그러면 자신의 SNS에도 부러움과 동경의 댓글이 주렁주렁 달릴 테니까.

어느새 축구를 하던 남자아이들까지 하나둘 다가와 저마다 한마디씩 했다.

"이거 비싸지 않냐? 너네 집 부자임?"

"역시 스타는 다르네."

모두의 관심이 시은이에게 집중됐다. 평소 이런 사소한 일에는 별 관심을 안 보이는 도혁 오빠마저도 언뜻 눈길을 주는 것 같았다.

'이번에 학원 반 레벨 오르면 새 폰 사 달라고 졸라 봐야지.'

주희는 주머니에 든 자신의 휴대폰을 슬쩍 꺼내 보았다. 얼마 전 동생 경우가 빌려가 게임하다 떨어뜨려 보호 필름 밑으로 금이 생겼다. 주희의 마음에도 금이 쫘악 그어졌다.

생글생글 웃고 있는 시은이도, 호들갑을 떠는 아이들도 모두 못마땅했다. 휴대폰을 가로지르는 금이 유난히 **눈에 거슬렸다**.

●글_김지은

눈에 거슬리다 무언가 신경 쓰이고 마음에 들지 않는다는 뜻의 관용어예요. 부정적인 마음은 마치 늪과 같아서, 어떤 사람에 대해 나쁜 점을 찾으면 점차 모든 것이 눈에 거슬리게 되지요. 반대로 좋은 점을 찾으면 자꾸만 좋은 점이 보여요.

진땀 빼다

　부스스 비가 내린다. 시호는 뭔가 특별한 것이 먹고 싶었다. 천 원짜리 세 장을 꺼내 들고 집 앞 편의점에 다녀왔다.
　"뭐야?"
　사부작사부작 비닐봉지 소리를 들은 시은이가 물었다.
　"너구리랑 짜파게티. 아빠! 짜파구리 끓여 줘."
　"아빠 안 계셔. 내가 해 줄까?"
　"누나가? 할 줄이나 알아? 계란프라이도 맨날 태우면서."
　"나도 다 알거든? 박시호, 딱 기다려. 맛있게 해 줄 테니까. 너는 나중에 친구들한테 자랑이나 해."
　시은이가 팔을 걷어붙이고 라면 봉지를 뜯었다. 꽤 자신감 있는 모습에 시호도 고개를 끄덕였다. 꼬돌꼬돌 짭쪼롬한 짜파구리를 생각하자 기분이 한껏 들떴다.
　미간에 잔뜩 힘이 들어간 시은이는 팔팔 끓은 물에 조심히 면을 넣었다. 너구리 스프도 가위로 잘라서 탈탈 털어 넣었다. 라면 국물이 조금씩 붉게 변했다.

'별 것도 아니구만. 근데 이렇게 하는 거 맞겠지?'

고개를 갸웃거렸다. 한 가닥을 건져서 호로록 입에 넣었다. 면은 탱글탱글 잘 익었다.

"아싸, 딱 좋아. 야! 박시호, 빨리 와."

시은이는 조심조심 물을 쪽 따르고 집게로 면을 잡아서 접시 가운데에 둥글게 올려 두었다.

'역시 박 쉐프! 마지막으로 짜장 스프 뿌리면 오케이. 박시호 요거요거, 한입 먹고 기절하는 거 아니야?'

그러나 시호의 반응은 예상과 달랐다.

"아이씨! 누나, 짜파구리 만들 줄 모르지? 물이 왜 이렇게 많아. 완전 망했어."

"이제 짜장 스프로 비비기만 하면 되는 거 아니야?"

"순 엉터리! 모르면서 아는 척이야?"

"이거 아니야? 괜히 큰소리 치다 **진땀 뺐네**, 헤헤헤."

시호는 얄밉게 웃어대는 누나를 세상 최고로 쨰려봤다. 싱크대 아래에서 안심탕면을 찾은 시호는 봉지를 뜯어 스프만 꺼냈다. 라면 스프와 짜장 스프를 면에 뿌리고 잘 비벼 맛을 봤다. 그럭저럭 먹을 만했다.

"나도 한입만!"

먹으라는 대답도 하기 전에 시은이의 젓가락이 짜파구리를 파고들었다. 시은이는 짜파구리를 담은 접시를 들고 인증샷부터 남겼다.

●글_이봉금

> **진땀 빼다** 어려운 일이 생겼을 때 이를 해결하려고 몹시 애를 쓴다는 의미의 관용어예요. 마트에서 아이가 장난감을 사 달라고 울고 떼쓰면 엄마는 진땀을 빼지요. 고양이는 물을 싫어해서 한 번 목욕을 시키려면 진땀을 빼요.

숨을 죽이다

쭉 늘어나는 치즈가 가득한 피자, 한입 베어 물면 육즙이 팡팡 터지는 족발, 탱글한 면발을 호로록 빨아들이고 싶은 라면. 그중에서도 최고는 치킨! 무영이는 오늘도 굶주린 배를 움켜쥐며 방에서 유튜브로 먹방을 보고 있었다.

"정무영, 밥 먹자."

엄마가 부르는 소리에 인터넷 창을 닫고 부엌으로 갔다. 하지만 밥상에는 고작 김치, 고등어, 된장국, 밥뿐이었다. 무영이의 얼굴에 실망감이 가득하다.

"엄마, 이게 뭐야. 오늘도 그냥 밥이야?"

"밥이지. 그럼 뭐?"

"치킨 시켜 먹어요. 네? 치킨~ 치킨 먹고 싶단 말이에요."

무영이는 가련한 표정과 함께 존댓말을 하며 엄마를 올려다보았다.

"땅 파면 돈 나오냐? 지금 아빠가 염전에서 얼마나 고생하고 계시는데. 소금 값이 아주 그냥 똥값이야 요즘. 그냥 먹어."

"한 번만, 응? 한 번만, 엄마~."

엄마의 얼굴이 점점 굳어 갔다. 눈치도 없이 무영이는 엄마의 바짓가랑이를 잡으며 떼를 썼다. 무창이와 무율이는 보았다. 엄마의 악다문 입술과 불뚝 튀어나온 핏줄을. 곧 터진다. 둘은 묵묵히 밥을 떠먹으며 숨을 죽이고 두 사람을 지켜보았다.

"나가! 이노무 가시나. 혼꾸녕 한 번 나볼래? 니가 아직 배가

덜 고팠지? 배가 고파야 밥을 먹지. 뭐 맨날 시켜만 달래. 오늘은 굶어. 나가!"

역시나. 이렇게 해서 오늘도 집 밖으로 쫓겨난 무영이는 터덜터덜 아파트 앞 놀이터로 향했다. 잔뜩 풀이 죽은 채 그네를 탄 지 10분이나 지났을까. 누군가가 와서 옆자리에 털썩 앉는다. 옆 동에 사는 3학년 이경우다. 경우가 무영이에게 물었다.

"누나도?"

"응, 나도."

"이번에는 무슨 일?"

"반찬 투정. 너는?"

"나? 장난 전화한 거 걸려서."

하아……. 두 꼬맹이들의 한숨이 깊어졌다.

●글_손상희

숨을 죽이다 숨소리가 들리지 않을 정도로 조용히 한다는 뜻의 관용어예요. 공포영화에서 무서운 악역을 만난 주인공은 숨을 죽이고 어딘가로 숨어요. 사람들은 놀라거나 긴장했을 때 아무 말도 못 하고 숨을 죽이기도 하지요.

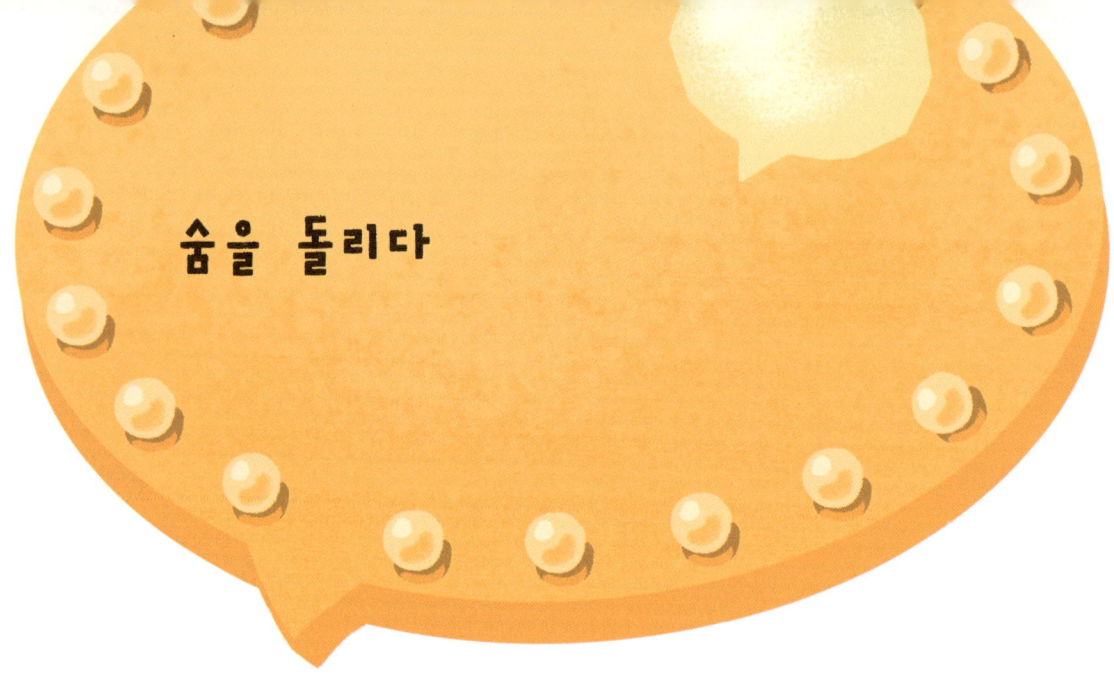

숨을 돌리다

오늘도 잔뜩 취한 아빠가 술주정을 부렸다. 쿰쿰한 공기가 무겁게 도혁이의 어깨를 짓눌렀다. 정말 지긋지긋했다. 도혁이는 문을 박차고 나와 공원까지 쉬지 않고 달렸다.

'어떻게 해서든 선수만 되자. 스카우트만 되면 합숙 생활을 하니까 이 집도 끝이야.'

이렇게 달릴 때면 아무 생각을 하지 않아도 됐다. 그래서 좋았다. 끔찍한 집도, 술주정뱅이 아빠도, 얼굴도 모르는 엄마도, 그 무엇도 자신을 괴롭힐 수 없었다.

어릴 적부터 도혁이는 달리기에서만큼은 누구에게도 뒤지지 않았다. 학교 운동회부터 육상 대회까지 매번 일등이었다.

"흠, 저번보다 기록이 안 좋네. 현준이는 점점 더 좋아지고 있다던데. 도혁아, 좀 더 분발해 보자."

선생님의 말씀에 도혁이의 눈에서는 불꽃이 이글거렸다. 누구에게도 지고 싶지 않은 승부욕이 타올랐다. 안 그래도 얼마 전에 나간 대회에서 옆 학교 현준이에게 메달 두 개를 뺏겨 자존심이 상했기 때문이다.

시 대회가 다가왔다. 학교 대표는 당연히 도혁이었다. 현준이가 선수 등록을 했다는 소식이 들렸다. 도혁이는 수업이 끝나면 바로 운동장으로 향했다. 비가 오나, 바람이 부나 무조건 달리기 연습을 했다.

'내가 살 길은 이것뿐이야. 기필코 이기겠어.'

한참을 달리던 도혁이가 트랙에 등을 대고 누웠다. 거친 숨을 몰아쉴 때마다 가슴이 크게 올랐다 내려갔다. **숨을 돌리자** 심장이 제 속도를 되찾았다. 도혁이가 가방을 들고 일어났을 때였다.

"도혁 오빠!"

누군가 큰 소리로 도혁이를 불렀다. 주희였다. 벤치에 앉아 구경하던 주희는 머뭇대며 다가와 도혁이 앞에 섰다.

"곧 있으면 달리기 시합이잖아. 이거 먹으면 떨지 않고 잘 달릴 수 있을 거야."

주희가 수줍게 초콜릿을 건넸다.

"아, 그래. 고마워!"

도혁이는 초콜릿을 아무렇게나 가방에 쑤셔 넣었다. 주희의 볼이 붉어졌다.

도혁이는 수업을 들을 때도, 집에 있을 때도 달리는 모습만 상

상했다. 심지어 꿈에서조차 달렸다. 온 정신이 달리기에만 꽂혀 있었다. 힘들고 지칠 땐 선생님의 이야기를 되새겼다. 달리기만 잘해도 먹고 살 걱정은 없을 거라고.

●글_윤우주

> **숨을 돌리다** 가쁜 숨을 가라앉히거나 잠시 여유를 얻어 휴식을 취할 때 사용하는 관용어예요. 몹시 바쁘고 중요한 일을 끝마쳤을 때, "이제야 숨 좀 돌리겠네."라고 말할 수 있어요. 달리기를 한 것처럼 숨 가쁜 상황이 아니지만 말이에요.

귀청 떨어지다

"제레미 형, 왜 그래?"

아침 등굣길부터 표정이 어두운 제레미를 보며 경우가 고개를 갸웃거렸다.

"No problem. 나 괜찮아."

"뭐가? 이빨 아파? 치과 가기 무서워서 그래?"

"No. 제레미 용감해."

제레미는 경우가 자신을 겁쟁이로 볼까 봐 일부러 더 힘을 주어 대답했다.

더워지는 날씨에 아이스크림 한 번 안 먹고, 구석구석 양치질도 꼼꼼히 했던 제레미다. 그런데도 이가 뽑힐 듯이 아팠다. 드르륵 애앵앵 기계 소리 가득한 치과라니. 생각만 해도 머리가 띵했다.

"경우, 연치과 알아?"

"치과 가려고? 나도 요즘 치료받는데 하나도 안 아파. 겁나?"

"No. 제레미, 할 수 있어."

다음 날 제레미는 연치과에 갔다. 접수를 하고 순서를 기다렸다. 잠시 후 제레미 차례가 되었다.

치료실로 들어가자 간호사 누나가 빈 자리를 가리키며 앉으라고 했다. 옆자리에서 누군가 치료를 받고 있었다.

제레미는 조그맣게 입을 벌렸다. 두 손으로 바지를 꽉 움켜쥐었다. 아플까 봐 겁이 났다.

"아 소리 내서 크게. 어머, 충치가 있네. 많이 아팠겠다. 입 크

게, 아~."

의사 선생님이 시키는 대로 입을 찢어지게 벌렸다. 하얗게 내리는 불빛조차 무섭게 느껴졌다.

그때, 옆에서 치료받던 아이가 소리를 질렀다.

"악~ 악~ 아파~! 이거 놔. 사람 살려!"

"에고, **귀청 떨어지겠다**."

의사 선생님이 웃으며 장난스럽게 말했다. 덩달아 제레미도 마음이 뜨끔했다. 너무 긴장한 탓에 땀이 송골송골 맺힌 손으로 바지를 움켜잡았다. 바지가 찢어질 듯 잔뜩 구겨졌다. 귓가에 울리는 윙윙 소리가 소름끼쳤다. 제레미는 눈을 딱 감고 꾹 참았다.

"다 됐어. 잘 참았어요."

한참만에야 선생님이 말했다. 제레미는 식은땀을 닦으며 의자에서 내려왔다. 옆자리에서 소리 지르던 아이도 막 치료를 마치고 나왔다. 눈이 마주쳤다. 경우였다. 경우는 머쓱해서 얼굴이 빨갛게 변했다.

"경우, 아팠어? 경우 라이어."

"헤헤헤."

●글_이봉금

> **귀청 떨어지다** '귀청'은 귓구멍 안쪽에 있는 얇은 막이래요. 정말로 '귀청'이 데구르르 떨어져 버리면 큰일이겠죠? 귀청 떨어진다는 말은 귀청이 떨어져 나갈 만큼 아주 큰 소리를 들었을 때 사용하는 관용어예요. 집에서 큰 소리로 떠들면 할머니가 "귀청 떨어질라." 하셔요.

머리를 맞대다

  6교시 사회 시간이 끝날 무렵이었다.
  "다음 주에는 2인 1팀 발표 수업을 할 거예요. 자유롭게 팀 먼저 짜고, 다 된 팀은 교탁에서 주제 뽑아 가세요."
  '팀 발표라고? 어떻게 하는 거지?'
  무창이는 누구와 팀을 꾸려야 할지도 막막했다. 주변을 둘러보니 친구들은 벌써 하나둘 팀을 꾸리고 있었다. 그때 시은이가 무창이 쪽으로 다가왔다.
  "무창아, 나랑 같이 할래? 집도 가까우니까 만나서 준비하기 편할 것 같아서."
  뜻밖의 제안에 무창이는 얼떨떨한 기분이 들었다. 시은이는 옆집에 살았지만 그동안 이야기해 본 적은 별로 없기 때문이다. 하지만 선뜻 먼저 다가와 준 게 고마워서 고개를 끄덕였다.
  시은이는 빙긋 웃으며 교탁으로 가 쪽지를 뽑았다. 그리고 자리로 돌아와 무창이의 책상 위에 쪽지를 올려놓았다. 쪽지를 들여다본 무창이의 두 눈이 휘둥그레졌다.

"맹그로브 조림 확산 사업과 탄소배출권 협약? 이게 무슨 말이야."

무창이는 쪽지에 쓰인 문장을 다시 한 번 읽었다. 열 번을 읽어도 이해하기 어려운 말이었다. 무창이의 눈치를 보던 시은이의 어깨가 아래로 축 처졌다.

"미안해. 내가 똥손인가 봐. 다른 팀 주제는 훨씬 쉬운 것 같은데."

무창이는 아차 싶은 마음에 손을 휘휘 내저었다.

"아니야. 어려우니까 같이 하는 거지. 우리 **머리를 맞대고** 생각해 보자."

"응, 알겠어."

시은이가 무창이 쪽으로 몸을 기울였다. 그러더니 톡, 자신의 이마를 무창이의 이마 위에 맞댔다. 당황한 무창이의 귀가 새빨갛게 달아올랐다.

"저기, 시, 시은아?"

무창이는 최대한 아무렇지 않은 척 시은이를 불렀다. 괜히 호들갑을 떨면 시은이가 더 부끄러워할 것 같았기 때문이다. 시은이는 미간에 주름이 생길 만큼 눈을 꼭 감고서 중얼거렸다.

"응, 무창아. 나 지금 열심히 생각하는 중이야."

'후, 어쩌지? 나름 진지해 보이는데.'

시은이의 얼굴이 너무 가까이 있었다. 닿지도 않은 속눈썹이 볼을 간지럽히는 것 같기도 했다. 목구멍까지 간질간질한 느낌에 무창이는 두 눈만 데굴데굴 굴렸다.

●글_정하연

머리를 맞대다 어떤 일을 해결하기 위해 함께 고민한다는 뜻의 관용어예요. 힘들고 어려운 일이 있을 때는 혼자 끙끙 앓지 마세요. 친구나 가족과 함께 머리를 맞대면 해결의 실마리를 찾는 데 도움이 될 거예요.

코끝이 찡하다

일요일 아침, 오랜만에 무창이네 집에 아빠가 돌아왔다. 방학을 맞아 아빠도 가족들과 일주일 동안 함께 있기로 한 것이다. 무창이는 현관까지 한 걸음에 달려가 아빠에게 와락 안겼다. 익숙한 바다 냄새가 났다.

"어디 우리 아들 얼굴 좀 보자. 오메, 피부가 반질반질한 게 벌써 도시 사람 다 됐네!"

"에이, 뭐가 그래."

무창이는 손을 내저으며 아빠의 얼굴을 찬찬히 살폈다. 못 본 새 볼이 홀쭉해지고 흰자위가 노랗게 떴다. 강한 햇볕에 피부가 더 까맣게 그을린 것 같기도 했다.

"공부하느라 힘들지? 학교는 다닐 만하고?"

"예전 학교랑 많이 달라. 똑똑한 애들도 많고. 열심히 해서 다 따라잡을 거야."

아빠는 어쩔 수 없다는 듯 픽 웃으며 무창이의 어깨를 다독였다.

"니가 어련히 알아서 잘하겠지. 여자 친구는 생겼냐?"

"아이, 뭘."

"오오메, 누가 있긴 있는가 보네?"

무창이의 까무잡잡한 귀가 빨갛게 달아올랐다. 아빠는 장난스럽게 무창이의 옆구리를 찔렀다. 무창이가 어색하게 아빠의 눈을 피하며 말을 꺼냈다.

"여자 친구 그런 건 아니고. 우리 반에 시은이라는 애가 있거든. 우리 옆집 사는 애."

"예쁘냐?"

"아 진짜, 아빠!"

아빠는 껄껄 웃으며 무창이의 어깨를 두드렸다.

"잘 지내는 것 같아 다행이다. 엄마랑 너희들만 보내 놓고 영 마음이 안 놓였거든. 촌에서 왔다고 애들이 무시하는 건 아닌가 해서 말이다."

사뭇 진지해진 목소리에 무창이가 손사래를 쳤다.

"절대 아니야! 나 친구 많아! 급식도 맨날 같이 먹고 축구도 하고 그래. 무영이는 벌써 이 동네 애들이랑 다 친해졌고. 지난번에 단톡방에 올린 그림 봤지? 무율이가 그림 동아리에서 그린 거잖아. 우리 정말 잘 지내, 아빠."

아빠는 바지 주머니에서 무언가 주섬주섬 꺼내 무창이의 손에

쥐어 주었다. 꼬깃꼬깃한 만 원짜리 한 장이었다.

"항상 고맙다, 무창아. 이걸로 애들이랑 떡볶이도 사 먹고 그래. 많이 못 챙겨 줘서 미안하다."

"아빠……."

무창이는 제 손을 감싼 투박한 손을 내려다보았다. 까맣게 타고 여기저기 생채기가 난 손이었다. 마주 잡은 손으로 따뜻한 온기가 전해졌다. 무창이의 **코끝이 찡해졌다**.

● 글_정하연

> **코끝이 찡하다** 큰 감동을 받았을 때 쓰는 관용어예요. 예상치 못한 일로 큰 감동을 받으면 울컥 눈물이 차오르기도 하고 고추냉이를 먹은 것처럼 코끝이 찡해지지요. 밤새 아픈 나의 곁을 지켜 주시는 부모님을 보면 코끝이 찡해져요.

간이 오그라들다

열흘이 넘도록 계속되는 찜통더위에 불쾌지수가 최고조에 달했다. 하지만 이런 날씨도 짜릿한 놀이에 푹 빠진 말썽꾸러기 삼총사를 막을 수는 없었다. 아이들은 오늘도 어김없이 옆 동네 파란 집 대문 앞에 섰다.

"가위, 바위, 보!"

"아, 왜 맨날 나만 걸려! 또 둘이 짰지?"

술래는 이미 정해져 있었다는 듯 무영이와 제레미가 눈빛을 주고받자 경우가 짧게 한숨을 쉬었다.

"제레미가 영상 찍을게. 경우, Don't worry!"

"누나 믿지? 신호 주면 벨 누르고 얼른 내 자전거 뒤에 타."

경우는 엄지와 검지로 야무지게 동그라미를 만들어 보였다. 오늘까지 성공한다면 셋은 지금껏 모아 둔 영상을 합쳐 유튜브에 올릴 계획이다.

"하나, 둘, 셋!"

"야! 이 쥐새끼 같은 놈들아! 제대로 걸렸다!"

무영이의 신호에 발로 대문을 빵 차자마자 요란한 고함소리와 함께 파란 문이 덜컥 열렸다. 주인아저씨가 기다렸다는 듯 와락 달려나왔다. 아저씨의 팔뚝보다 두꺼운 몽둥이를 본 삼총사는 **간이 오그라들었다.**

"Oh my god! 뛰어!"

"으악! 뭐야 대체? 경우야, 빨리 타! 빨리!"

제레미는 재빠르게 내리막길을 내달렸다. 무영이는 경우가 자전거에 다 올라타기도 전에 페달부터 밟았다. 울퉁불퉁한 길 때문에 자전거는 튀어 오르듯 골목으로 돌진했다.

"누나! 누나! 더 빨리! 아저씨도 자전거 탔어! 흐아아앙~"

예상에 없던 일이었다. 뒤를 돌아본 경우가 다급한 목소리로 울상이 되어 말했다. 두 대의 자전거 뒤로 주인아저씨가 바짝 쫓아 붙었다. 한 손에는 몽둥이를 들고 다른 한 손으로 자전거 핸들을 운전하는 기술이 예사롭지 않았다.

"멈춰! 멈추라고! 이것들아!"

아슬아슬한 자전거 추격전이 길어질수록 약이 바짝 오른 아저씨의 얼굴은 더욱 붉으락푸르락해졌다. 가파른 경사에 페달을 밟지 않아도 저절로 바퀴가 굴러갔지만 페달질을 멈출 상황은 아니었다.

"Oh, 왜 계속 따라와. Oops~."

"누나, 나 이제 이런 거 절대 안 할 거야. 절대! 으아아아앙~."

"이노옴들! 어디 잡히기만 해 봐라! 다리를 뿐질러블랑께에에에에!"

●글_김빛나

> **간이 오그라들다** 몹시 두렵거나 무서울 때 사용하는 관용어예요. 귀신의 집에 들어가면 간이 오그라들어요. 반대로, 사람들은 겁없이 대범한 일을 하는 사람을 보고는 '간이 크다'라고 말한답니다.

땀이 나다

하늘에 먹구름이 잔뜩 끼어서 평소보다 어둠이 금방 찾아왔다. 괜히 으슥한 마음에 시은이는 휴대폰을 한번 쳐다봤다. 무창이는 아무 연락도 없고 휴대폰 배터리만 깜박거렸다.

"소나기가 오려나? 사진 좀 적당히 찍을걸. 그래도 뭐, 오늘은 좀 건졌으니까."

한두 방울 비가 떨어지기 시작하자 스산한 느낌마저 들었다. 시은이는 가방을 고쳐 메고 지름길로 향했다. 좁고 어두운 골목길이 살짝 겁이 났지만 쫄딱 비를 맞아 스타일 구기는 게 더 싫었다.

"아씨, 우산 없는데. 얼른 가야겠다."

그때 뒤에서 바스락거리는 소리가 들렸다. 시은이는 놀라 뒤를 돌아봤다. 어떤 남자가 따라오고 있었다. 모자에 가려서인지 얼굴이 더욱 까매 보였다. 저벅 저벅. 어두운 골목이 발걸음 소리로 가득 찼다. 하필 오늘따라 가로등도 불안하게 깜박거렸다. 영 기분이 좋지 않았다.

'괜히 이쪽으로 왔나. 윽, 이 냄새는 또 뭐야?'

생전 처음 맡아 보는 냄새였다. 깊숙이 코를 찌르는 구릿한 냄새에 얼굴이 절로 구겨졌다. 시은이는 어제 본 범죄 드라마가 생각났다. 아무래도 저 남자가 들고 있는 봉지에서 냄새가 나는 것 같았다.

빗방울이 점점 굵어지자 시은이는 발걸음을 더욱 재촉했다. 남자의 발걸음도 빨라졌다. 남자와의 거리가 좁혀질수록 손에 **땀이 났다.**

'설마 나 따라오는 거야? 주인공이 어떻게 됐더라? 힝, 이대로는 안 돼!'

오만 가지 생각이 머릿속을 스쳤다. 더 이상 망설일 수 없었다. 시은이는 죽을힘을 다해 아파트로 달렸다. 하지만 남자는 엘리베이터까지 따라왔다.

시은이가 13층을 눌렀지만 남사는 층도 누르지 않고 뒤에 서 있었다. 시은이의 심장박동은 점점 더 빨라졌다. 그 순간 시은이 어깨에 두껍고 거친 손이 툭 올라왔다.

"엄마야!"

"아이고! 놀랐니?"

남자가 덩달아 놀란 목소리로 물었다. 그러고는 시은이를 안

심시키려는 듯 빠르게 말을 이었다.

"혹시 시은이냐? 나 무창이 아빠다. 이야기 많이 들었다. 골목이 어두운데 혼자 가길래 걸음을 맞췄는데 무서웠나 보구나."

"네? 정말요? 앗, 근데 냄새가……."

"아, 이거 말이냐? 홍어야, 홍어. 안 먹어 봤나 보구나. 정말 맛있는데. 얼른 올라가자. 아저씨가 좀 나눠 줄게."

시은이는 봉지 안에 내용물을 확인하고서야 마음이 놓였다. 그러고 보니 아저씨의 까무잡잡한 피부, 그리고 분위기가 무창이와 무척 닮아 보였다.

●글_김빛나

땀이 나다 아주 힘들거나 긴장될 때 사용하는 관용어예요. 소심한 성격을 가진 친구가 많은 사람들 앞에서 공연을 하는 것은 정말 땀이 나는 일이에요. 함께 응원하고 격려해 주면 그 친구에게 큰 힘이 될 거예요.

귀가 밝다

주희는 아침에 일어나자마자 카톡을 열어 단톡방을 확인했다. 밤새 누가 프로필 사진이나 상태 말을 변경했는지 살폈다. 그러고 나서 페이스북과 인스타로 넘어가 업데이트 소식을 확인하고 달린 댓글까지도 파악했다.

주희의 촘촘한 정보 그물망을 빠져나갈 사람은 없었다. 딱 한 사람, 시은이 언니만 빼고.

'온종일 휴대폰을 붙잡고 살면서 요즘 업데이트도 잘 안 하고. 슬쩍 보니까 누구랑 카톡하던데. 설마 도혁 오빠?'

어떻게 해서든 정보를 파내야 했다. 주희는 시은이의 동생 시호를 공략하기로 마음먹었다.

"시호야, 집에 가는 길이야? 누나랑 맛있는 거 먹으러 갈래?"

주희는 조심스럽게 시호에게 접근했다. 먹을거리를 이용해 시호에게서 시은이 정보를 알아내려는 속셈이었다.

"우와, 우리 누나는 맛있는 것 사 주기는커녕 오히려 나한테 사달라고 하는데. 주희 누나는 진짜 착하다."

주희는 시호의 칭찬에 시은이를 이긴 것처럼 기분이 좋았다. 둘은 팥빙수를 먹으러 갔다. 주희는 신이 나서 끊임없이 먹고 있는 시호를 바라봤다. 어떻게 해야 시은이 소식을 자연스럽게 물어볼지 고민하다가 입을 열었다.

"시호야, 시은이 언니가 누구 좋아하는지 알아?"

"우리 누나? 크크, 알지. 주희 누나도 알면 깜짝 놀랄걸!"

"아, 그래? 내가 아는 사람이야?"

"알긴 아는데, 누나는 생각지도 못한 사람."

정보 수집이 빨라서 정보통이라 불리는 주희였다. 그렇게 **귀가 밝은** 자신이 짐작하지 못할 인물이라니. 주희는 깜짝 놀랐다.

"누구야? 누나한테만 알려 주면 안 돼? 아무한테도 말 안 할게."

"흠, 우리 누나가 말하지 말랬는데. 주희 누나는 착하니까. 귀 대 봐."

시호가 주희의 귀에 대고 속삭였다. 주희의 두 눈이 포도알처럼 커다래졌다.

"헐, 대박! 시은이 언니가 무창이 오빠를 좋아한다고?"

"누나, 쉿!"

"알았어. 이건 우리만 아는 비밀."

"주희 누나, 대신 다음에 만나면 더 맛있는 거 사 줘야 해."

주희와 시호는 새끼손가락을 걸고 약속했다. 사랑의 방해물이 사라진 지금, 주희는 실실 삐져나오는 웃음을 감출 수 없었다.

●글_윤우주

귀가 밝다 귀가 반짝반짝 빛난다는 뜻이 아니에요! 어떤 소식이나 정보를 남들보다 빨리, 잘 아는 친구에게 우리는 "넌 귀가 참 밝다."라고 말할 수 있어요. 귀가 밝다는 건 그만큼 다른 사람들에게 관심을 많이 갖고 있다는 뜻이겠죠?

이를 악물다

도혁이는 오른쪽 발목을 살살 돌렸다. 바로 앞 경기에서 삐끗한 탓에 조금만 움직여도 기분 나쁘게 시큰거렸다. 파스를 대충 뿌리고 가방 속에 굴러다니던 초콜릿을 꺼내 먹으며 기운을 북돋았다. 얼마 뒤 전체 방송이 경기장을 울렸다.

"곧 100미터 달리기 경기가 시작될 예정입니다. 선수들은 트랙으로 나와 주십시오."

'여기서 무너지면 안 돼. 정신 차려, 김도혁.'

초등학교에서의 마지막 대회였다. 좋은 선수를 스카우트하기 위해 전국 각지에서 온 중학교 육상부 코치가 모인 자리이기도 했다. 도혁이는 트랙으로 향하며 그늘막 아래서 매의 눈으로 경기를 지켜보고 있는 코치진을 흘긋 보았다.

'어떻게 해서든 뽑혀야 해. 할 수 있어. 조금만 참자.'

도혁이는 스타팅 블록에 발을 대고 상체를 숙였다. 금방이라도 고꾸라질 듯 몸이 앞으로 기울었다. 바로 옆 라인에는 옆 학교 라이벌 현준이가 있었다. 앞 경기에서 결승선을 앞에 두고 발을 헛딛는 순간, 이를 놓치지 않고 1등 자리를 낚아채 간 녀석이다. 2등 소식에 허탈해하는 자신을 가소롭다는 듯 쳐다보던 그 의기양양한 눈빛을 잊을 수가 없었다.

'절대 안 져. 그 잘난 콧대, 내가 제대로 꺾어 준다.'

100미터는 빠른 스타트가 관건이다. 도혁이는 귀를 쫑긋 세우

고 마음속으로 숫자를 셌다.

'하나, 둘…….'

"탕!"

"와아아아아아!"

함성과 함께 도혁이는 오른발로 힘껏 땅을 박차며 빠르게 치고 나갔다. 한 발 한 발 디딜 때마다 발목부터 찌르르 통증이 타고 올라와 절로 얼굴이 찌푸려졌다.

'조금만, 조금만 더!'

도혁이는 **이를 악물고** 발을 뻗었다. 달리는 동안에는 아빠도, 라이벌도, 자신을 괴롭히는 그 무엇도 생각나지 않았다. 그저 앞만 보고 뛰면 그만이었다.

마침내 가슴에 결승선이 닿은 순간, 전광판을 바라본 도혁이는 벅찬 숨을 몰아쉬며 소리쳤다.

"됐어!"

11.43초. 신기록이었다.

●글_정하연

이를 악물다 힘들고 어려운 일을 헤쳐나가기 위해 다짐할 때 사용하는 관용어예요. 뜀틀을 넘는 건 쉽지 않은 일이지만 이를 악물고 열심히 연습하면 언젠가는 뛰어넘을 수 있을 거예요. 한 번쯤은 무언가를 위해 이 악물고 노력하는 열정을 갖는 것도 좋답니다.

발바닥에 불이 나다

오늘은 2학기 학부모 총회가 있는 날이다. 강당 앞에 준비된 간식을 보는 무영이의 눈이 반짝였다. 중간 놀이 시간에 무영이는 경우와 제레미를 강당 앞으로 불러 모았다.

"누나, 무슨 일이야? 오늘은 강당에서 피구 못 하잖아."

"쉿, 지금 피구 따위가 중요한 게 아니야. 저기 보여?"

경우와 제레미는 무영이의 손가락을 따라 시선을 옮겼다. 동글동글 꿀떡과 과자, 초콜릿, 사탕, 컵에 담긴 과일까지. 침이 절로 넘어갔다.

무영이는 슬쩍 주변의 눈치를 살펴보더니 낮은 목소리로 속삭였다.

"우리 저거 들고 튀자. 밖에 날씨도 좋겠다, 운동장에 가서 먹고 노는 거지!"

"What? 무영, 큰일 나!"

제레미는 아찔했던 파란 대문 아저씨를 떠올렸다. 그날 밤 엄마에게 된통 혼났던 걸 생각하면 아직도 엉덩이가 따끔거렸다. 왠지 오늘은 장난을 치고 싶지 않았다. 하지만 무영이는 제레미의 만류를 말끔히 무시하고 작전을 짜기 시작했다.

"과자는 내가 맡는다. 이경우, 너는 꿀떡을 챙겨. 그리고 제레미 오빠는 초콜릿 최대한 많이 주머니에 넣고 달려. 자, 하나 둘!"

생각할 겨를도 없었다. 셋은 우다다다 달려가 빠른 손놀림으로 간식을 낚아채고 **발바닥에 불이 나게** 달렸다.

"이 녀석들!"

선생님의 외침에 경우의 심장이 덜컹했다. 기울어진 접시에서 꿀떡이 떨어져 복도를 데굴데굴 굴렀다. 뒤따라 날리던 제레미가 그걸 밟고 미끄러졌다.

"형!"

경우의 얼굴이 새하얗게 질렸다. 그때였다.

"정무영!"

"엄마?"

생각지도 못했던 엄마의 목소리에 무영이가 발을 멈췄다. 일이 바빠 당연히 못 올 줄 알았던 엄마가 왜 학교에 있는 건지. 왜 평소처럼 화를 내고 혼내는 게 아니라 저런 눈으로 자신을 바라보고 있는지. 무영이의 마음이 실금이 간 것처럼 찌릿했다.

"무영아……."

엄마의 한숨에 무영이는 고개를 들 수 없었다.

● 글_정하연

발바닥에 불이 나다 만약 발바닥에 활활 불이 붙으면 너무 뜨거워서 가만히 있지 못하고 이리 저리 팔짝팔짝 뛰느라 난리가 날 거예요. 발바닥에 불이 난다는 말은 부리나케 여기저기 돌아다 닌다는 뜻의 관용어랍니다.

가슴이 내려앉다

운동회 날, 웬일로 엄마가 깨우지 않아도 일찍 일어난 경우는 눈을 비비며 티셔츠를 찾았다.

"엄마, 내 티셔츠 못 봤어요? 파란색 반티."

"그거 어제 빨래하면서 같이 빤 것 같은데?"

경우는 가슴이 철렁 내려앉는 기분이었다.

"오늘 운동회라 입고 가야 하는데!"

씩씩대며 베란다로 향했다. 맙소사. 티셔츠는 팔 한쪽이 덜 말라 아직도 축축했다.

"어떡해? 아직 안 말랐어."

"이리 줘 봐, 아빠가 드라이어로 말려 줄게."

아빠가 티셔츠를 들고 안방으로 들어간 후 위잉 소리가 났다. 주희는 울상이 된 경우를 보고 깔깔 웃었다.

"그냥 하늘색 티셔츠라도 입고 가. 어차피 비슷한 색깔 아니야?"

"옆 반 반티가 하늘색이란 말이야. 누가 보면 내가 옆 반 응원하는 줄 알 거 아냐."

"하긴. 그러고 보니 너, 너희 반 달리기 대표로 나간다고 하지 않았어? 그럼 더더욱 다른 색 입으면 안 되겠네. 다음 사람한테 배턴 넘겨줄 때 착각할 수도 있잖아."

경우의 얼굴이 새파랗게 질렸다. 금방이라도 울음이 터질 기세다.

"이경우 때문에 2반 달리기 어쩌냐?"

"이주희, 동생 기분 안 좋게 왜 그래?"

엄마의 타박에 주희는 어깨를 으쓱했다. 그때 아빠가 방에서 나왔다.

"경우야, 거의 마른 것 같은데 입어 봐라."

경우는 아빠의 손에서 덥석 티셔츠를 받아들었다.

"정말 다 말랐네? 아빠, 고맙습니다!"

"저 녀석 좋아하는 것 좀 봐. 아까는 **가슴이 내려앉은** 표정이더니."

"다행이다, 경우야. 여보, 당신도 이제 출근 준비 마저 해. 늦었어."

경우는 얼른 티셔츠를 입고 가방을 메고 집을 나섰다. 티셔츠에는 아빠의 마음처럼 따뜻한 온기가 남아 있었다.

●글_김지은

가슴이 내려앉다 깜짝 놀라서 가슴이 철렁할 때 사용하는 관용어예요. 친구와 재미있게 노는 사이, 내가 연락이 잘 안 되면 부모님은 가슴이 내려앉을지 몰라요. 혹시라도 무슨 일이 생긴 건 아닐까 하고요. 누군가를 아끼고 사랑할수록 걱정하는 마음도 덩달아 커지는 모양이에요.

어안이 벙벙하다

"에잇!"

무영이는 스마트폰을 침대 위로 휙 던지고는 엄지손톱을 깨물었다.

"조금만 더하면 깰 수 있었는데!"

게임을 다시 시작하려면 하트를 충전해야 하는데 그러려면 30분이 필요했다. 할 일이 없어진 무영이는 거실로 나갔다. 집 안은 고요하기만 했다.

"뭐야? 다들 어딜 간 거야?"

TV 리모컨을 찾기 위해 주위를 두리번거리는 무영이의 눈에 엄마의 빨간 휴대폰 케이스가 보였다. 좋은 생각이 떠오른 무영이는 엄마의 스마트폰으로 아까 깨지 못한 게임을 다운받고 엄마의 카톡 계정으로 로그인했다.

"오~ 역쉬. 똑똑해. 똑똑해."

엄마의 스마트폰이 훨씬 최신형이라 그런지 터치가 예술이었다. 게다가 게임도 더 잘 되는 것 같았다. 그렇게 게임에 정신없이 빠져든 지 얼마나 지났을까. 아까 깨지 못했던 그 기록에 다시 다다랐다. 무영이는 더 집중했다.

"오! 오! 오! 으~~~~으악!!!!!!!"

무영이는 머리를 감싸고 소리를 질렀다. 또 같은 단계에서 실패했다.

"에이씨!"

무영이는 게임을 끄기 위해 휴대폰을 터치했다. 그 순간 '하트를 구매하면 게임이 계속됩니다.'라는 창이 떴다. 무영이는 항상 뜨는 그 창을 끄려다가 별 생각 없이 '구매하기' 버튼을 누르고 말았다. 그러자 '결제 완료'라는 창과 함께 게임이 다시 시작되는 게 아닌가. 무영이는 **어안이 벙벙했다**.

자신의 휴대폰으로는 '구매하기' 버튼을 아무리 눌러도 결제가 된 적이 한 번도 없었다.

'엥? 왜 결제 완료가 됐지? 엄마가 자동연결 해 놓은 건가?'

당황한 기색도 잠시, 다시 시작된 게임에 무영이는 또다시 정신없이 빠져들었다.

"띠띠띠 띠디딕."

도어락 소리가 들렸다. 토끼눈이 된 무영이는 하던 게임을 끄고 엄마의 휴대폰을 얼른 제자리에 두었다.

방으로 들어간 무영이는 이불을 뒤집어쓰고 생각했다.
'걸리면 최소한 사망이다.'

● 글_손상희

> **어안이 벙벙하다** 예상하지 못한 놀라운 일을 당해서 어리둥절해졌을 때 사용하는 관용어예요. 갑자기 뜻밖의 일이 생기면 머릿속이 새하얗게 되는 것처럼요. 생각지도 않았던 상을 받으면 어안이 벙벙해져요. 어처구니없는 일을 당해도 어안이 벙벙해지지요.

발 벗고 나서다

이번 사회 시간에는 선생님께서 세계 여러 나라를 조사하고 발표하는 조별 과제를 내주셨다. 지난번과 달리 넷이서 하는 과제였지만, 같은 조에 시은이가 있어 무창이는 내심 기뻤다. 도서관에서도, 아침 등굣길에 동생을 데려다 주면서도 그랬다. 운명처럼 자꾸만 마주치는 시은이에게 점점 호감이 생겼다.

"시은아, 넌 어느 나라를 조사하고 싶어?"

"음, 난 스페인."

"스페인은 왜?"

"엄마가 스페인에서 가우디 성당을 봤는데 진짜 아름답대. 나도 나중에 가 보고 싶어."

시은이의 반짝이는 눈을 바라보던 무창이의 볼이 순간 붉어졌다. 같은 조인 정우가 물었다.

"정무창, 넌 어디 조사할래?"

"난 바다가 아름다운 나라."

"바다? 크큭, 누가 짠물 아니랄까 봐. 뭐, 스페인에도 바다는 있으니까. 그럼 우리 조는 스페인을 주제로 하고, 축구는 내가 맡을게. 엘 클라시코에 대해 제대로 알려주겠어."

조모임을 마치고 집으로 간 무창이는 바로 컴퓨터를 켜서 가우디 성당을 검색했다.

"우와, 100년이 넘었는데도 완공이 덜 되었다니. 신기하네."

웅장한 사진에 감탄하던 무창이는 '스페인, 바다'를 키워드로 검색했다. 유독 눈길을 끄는 바다 사진을 클릭했다. 유럽의 발코니라 불리는 '네르하'였다.

"우와, 바다 색깔 좀 봐. 시은이한테 보여줄까?"

무창이는 아직까지 여자 친구들에게 한 번도 카톡을 보낸 적이 없었다.

'갑자기 톡했다고 이상하게 생각하면 어떡하지. 보내지 말까? 음, 아니야. 이건 조별 과제에도 도움이 되는 거잖아.'

한참을 고민하던 무창이는 마음을 부여잡고 휴대폰을 들었다.

― 여기 어디게?

바다 사진들을 우수수 보내고 메시지를 보냈다. 숫자 1이 사라졌다. 두근두근 콩콩콩. 심장이 요동쳤다. 무창이는 귀까지 빨개진 채 화면을 들여다보았다.

― 와, 대박. 어디야? 너무 멋지다.

시은이의 답장에 무창이는 소리 없는 환호성을 질렀다. 꼭 자신이 멋지다고 인정을 받은 것 같았다.

'예쓰! 됐어! 와, 미치겠다. 왜 이렇게 기분이 좋지? 후아, 이번 과제는 내가 **발 벗고 나서야겠어**.'

그날 밤, 단톡방에는 여러 가지 스페인 사진이 주르륵 올라왔다.

● 글_윤우주

발 벗고 나서다 적극적으로 앞장선다는 의미의 관용어예요. 우리 조상들은 이웃의 일도 마치 내 일처럼 도왔대요. 물에 빠진 사람이 있으면 신고 있던 신발을 홀랑 벗고 기꺼이 물에 발을 담갔을 거예요. 참 마음 따뜻한 사람들이지요?

코에 붙이다

도혁이는 가느다란 눈으로 다시 한 번 물었다.

"박시은, 너 진짜 할 줄 아는 거 맞지?"

시은이는 흠흠, 헛기침을 하며 도혁이의 손에서 식빵 봉지를 가로챘다.

"기가 막히게 맛있다니까? 나중에 먹고 반하지나 마."

일주일 전, 요리 실습 예고를 들은 시은이는 인터넷으로 각종 요리법을 검색했다. 같은 모둠에 무창이가 있는 이상, 절대 음식을 망칠 수 없기 때문이었다. 식빵을 주재료로 하는 수많은 요리 중 시은이가 선택한 것은 프렌치토스트였다. 짜파구리 하나 제대로 못 만드는 손이지만, 그 정도면 할 만해 보였다.

"그래, 도혁아. 프렌치토스트는 시은이한테 맡기고, 우리는 남은 식빵으로 다른 거 만들자. 시은아, 하다가 막히면 말해."

무창이가 도혁이를 데리고 조리대 반대편으로 갔다. 시은이는 머릿속으로 요리법을 떠올리며 조심스럽게 그릇에 달걀을 깼다. 거기에 우유를 조금 부은 뒤 소금과 설탕으로 간을 하고 식빵을 넣어 적셨다. 모든 게 차근차근 계획대로였다.

버터를 바른 팬에 식빵을 올리자 치르르 소리와 함께 고소한 냄새가 퍼졌다. 그 냄새를 맡고 도혁이와 무창이도 프라이팬 주변으로 다가왔다. 느낌이 좋았다. 시은이는 젓가락으로 식빵 하나를 뒤집었다.

"헐."

"이게 뭐야, 완전 새까맣게 탔잖아!"

황금빛 환상이 조각나는 순간이었다. 다른 것들도 마찬가지였

다. 금방이라도 울 것 같은 표정으로 서 있는 시은이를 대신해 무창이가 얼른 불을 껐다.

"그, 프렌치토스트가 원래 불 조절하기 되게 어렵거든. 약한 불에서 천천히 익혀야 겉이 안 타고. 음, 그러니까 시은이 네 탓이 절대 아니야. 원래 엄청 어려운 음식이야."

무창이의 말에도 시은이는 좀처럼 위로가 되지 않았다. 기대감으로 잔뜩 부풀었던 마음이 저 아래로 내동댕이쳐진 기분이었다. 시은이의 눈치를 보던 무창이는 샌드위치가 담긴 접시를 가지고 왔다.

"나랑 도혁이가 만든 거야. 이거 나눠 먹자."

"어휴, 이럴 줄 알았으면 우리가 더 많이 만들걸. 이걸 누구 **코에 붙여**. 하여간, 박시은."

"원래 조금 만들어서 나눠 먹는 게 더 맛있어. 시은아, 너도 어서 먹어."

"응, 고마워."

시은이는 고개를 끄덕이며 샌드위치를 베어 물었다. 퍽퍽한 달걀 샐러드가 목구멍에 걸린 울음을 꾹 막아 주었다.

●글_정하연

코에 붙이다 보통 음식과 함께 사용되는 말이에요. 음식이 너무 적어서 사람들이 나누어 먹기에 부족하다는 뜻의 관용어지요. 사람은 10명인데 피자가 한 판밖에 없다고 생각해 봐요. "애걔, 이걸 누구 코에 붙여?" 하는 말이 절로 나올 거예요.

달밤에 체조

침대에 누운 지 오래였지만 무율이는 좀처럼 잠들 수 없었다.

"핑. 핑."

맞은편 침대의 불룩한 이불 속에서 들려오는 소리 때문이었다.

"야, 정무영, 이불만 덮어쓰면 다냐? 게임을 할 거면 소리를 끄고 하던가!"

"그럼 재미없거든."

"이게 진짜!"

무율이는 버럭 소리치며 몸을 일으켰다가 잠시 생각했다. 그러고는 다시 침대에 누우며 혼잣말처럼 중얼거렸다.

"이번에는 공부 좀 했나 보네. 내일이 시험인데 게임하는 거 보면."

말이 끝나기가 무섭게 게임 소리가 멈췄다. 그리고 이불 속에서 무영이가 빼꼼 고개를 내밀었다.

"시험?"

떨리는 목소리로 물었다. 무율이는 소리 없이 웃으며 태연하게 대꾸했다.

"그래, 내일 공부방에서 수학 단원 평가 보잖아. 너, 저번에 분수 되게 어려워하지 않았나?"

"오 마이 갓! 그걸 왜 이제 말해!"

무영이는 이불을 냅다 걷어차고 일어나 책상에 앉았다. 허둥지둥 문제집을 꺼내 여기저기 펼쳐 보았다.

"아우, 이게 다 무슨 말이야."

무영이의 한숨을 듣고 있자니 무율이도 마음이 편하지는 않았다. 무율이는 무영이가 얼마나 수학에 약한지 잘 알고 있었다. 작년에 늦게나마 곱셈 구구단을 뗀 것도 기적이었다. 벌써 새벽 2시다. 이대로면 무영이는 한 시간도 제대로 자지 못할 것이다.

"에효, 어쩔 수 없지."

무율이는 천천히 일어나 책상으로 다가갔다. 그러고는 의자를 끌어 와 무영이의 옆에 앉았다. 무영이는 감동 어린 눈으로 무율이를 바라보았다.

"무율아, 넌 정말 천사야."

"**달밤에 체조**하는 것도 아니고 다 늦은 밤에 뭐 하는 짓이냐?"

허구한 날 박 터지게 싸워도 쌍둥이는 쌍둥이였다. 무영이는 무율이를 인생 최고의 친구라고 생각했다. 아주 잠깐이지만.

"야! 이분의 일이랑 삼분의 일을 더하는데 왜 오분의 이가 돼? 이 빡대가리야!"

"뭐, 빡대가리? 이게 진짜!"

쌍둥이의 우애가 절로 깊어지는 밤이었다.

●글_정하연

> **달밤에 체조** 상황에 어울리지도 않는 일을 할 때 놀리는 투로 하는 말이에요. 종일 피자며 치킨이며 맛있게 먹어 놓고, 숨쉬기만 해도 살이 절로 빠진다는 명상을 하는 내 모습을 본 오빠가 달밤에 체조하냐고 비웃었어요. 응원은 못 할망정. 정말 힘이 빠지지요.

눈이 둥그레지다

복천아파트 대표 말썽꾸러기 이경우, 정무영 두 꼬맹이는 오늘도 집에서 쫓겨났다. 이제는 아파트 앞 그네에서 만나는 것이 익숙해졌다.

"하아~ 혼나는 것도 지겹다."
"누나, 우리 가출할래?"
경우의 제안에 무영이가 눈을 동그랗게 뜨며 되물었다.
"가추우우울? 야, 그건 좀."
"진짜 가출하자는 게 아니라. 딱 하루만 숨어 있는 거야."
"딱 하루만?"
"그래. 부모님이 우리의 소중함을 알 수 있게 딱 하루만. 내가 아는 공터에 컨테이너 박스가 있는데……."

둘이서 모래 바닥에 앉아 가출에 대한 자세한 계획을 짜기 시작했다.

그때였다.

"경우야. 우리 아들~ 무영이도 있네? 둘이 무슨 이야기를 그렇게 해?"

"아, 아니……. 아빠가 왜 이 시간에?"

"오늘 일찍 끝났어. 오랜만이다, 무영아."

"아, 안녕하세요? 아저씨."

경우가 아빠에게 뭐라고 말해야 할지 고민하는 사이 무영이의 눈에 무언가가 보였다.

"아저씨, 그거 혹시 주황통닭이에요?"

"어, 맞아. 잘 아는구나."

무영이의 **눈이 둥그레졌다**. 주황통닭이 무엇인가. 무영이의 워너비 BJ입짧은달님이 무려 다섯 마리를 순식간에 먹어치우고 300만 뷰를 달성한 그 치킨이 아니던가.

"쓰으읍."

무영이의 눈이 세차게 빛나기 시작했다. 벌써부터 고여 버린 침을 꿀꺽 삼키고는 코를 벌렁거리며 다시 한 번 깊게 냄새를 맡았다.

"하하하, 무영이가 치킨을 아주 좋아하나 보구나. 같이 가서 먹고 갈래?"

"정말 그래도 되나요?"

"당연하지."

"어? 무슨 소리야, 누나! 우리 오늘 하기로 한 거 있었잖아."
"하늘 아래 치킨보다 더 중요한 건 없어."
무영이가 단호하게 말했다. 경우 아빠의 웃음소리와 경우의 한숨 소리가 화음을 이뤘다. 복천아파트는 오늘도 평화롭다. 가출은 무슨.

●글_손상희

눈이 둥그레지다 아주 놀라거나 궁금한 일이 생겨서 눈을 크게 뜰 때 사용하는 관용어예요. 신기한 것을 발견하면 눈이 둥그레져요. 내가 흥미로운 이야기를 친구에게 알려 주면, 친구가 눈이 둥그레져서는 "그게 정말이야?" 하지요.

눈 깜짝할 사이

"사진 좀 그만 찍어! 나 먹고 싶단 말이야."

엄마가 만들어 준 달콤한 홍시 푸딩. 그러나 시호는 당장 덤벼들어 먹을 수가 없다. 찰칵 찰칵 사진을 찍어대는 시은이 때문이다. 요즘에는 책도 읽고 무창이와 카톡을 하느라 전보다는 게시물이 줄었다. 하지만 여전히 SNS 활동은 시은이에게 아주 중요한 취미 생활이었다.

"다 됐어. 너 다 먹어. 나 이거 별로 안 좋아해."

"먹지도 않을 거면서 사진은 왜 그렇게 많이 찍어? 시간 지나서 덜 시원하잖아."

시호는 이런 누나를 이해할 수가 없다. 짜증도 난다. 가끔 부모님도 한마디씩 하시지만 시은이는 생글생글 웃으면서 사진 찍는 것을 멈추지 않았다.

'아, 컵케이크가 있었지. 그게 어디 있더라?'

투덜거리던 시호는 어젯밤 집에 들른 이모가 사온 컵케이크를 떠올렸다. 색깔이 알록달록하고 위에 크림이 올라가 있어 보기만 해도 군침이 돌았다. 어제는 너무 시간이 늦어 오늘 먹으려고 했던 것이다. 시호는 누나가 떠올리기 전에 얼른 찾아 먹어야겠다고 생각했다.

"야, 박시호! 냉장고에 있는 컵케이크 손대면 안 돼. 사진 찍고 나서 먹어."

'아, 짜증나!'

이런 시호의 머릿속을 읽기라도 한 듯 시은이가 재빨리 먼저 냉장고로 향했다. 시호는 볼이 퉁퉁 부었지만 누나의 고집을 꺾을 수 없다는 걸 알기에 아무 말도 하지 않았다. 시은이가 컵케이크를 가져와 거실 탁자 위에 올려 두고 막 휴대폰을 꺼냈을 때 진동이 울렸다.

"어, 전화 왔네. 너 이거 나 올 때까지 먹지 말고 기다려야 돼. 알겠지?"

시은이가 전화를 받으러 잠깐 방으로 간 사이, 현관 초인종이 울렸다. 옆집 무영이였다.

"무슨 일이야?"

"심심해서. 무창이 오빠 괴롭히려고 했는데 방문 꼭 잠갔더라. 헐, 저거 뭐야? 진짜 맛있겠다. 나 먹어도 돼?"

탁자 위의 컵케이크를 본 무영이가 눈을 반짝이며 달려갔다.

시호가 말릴 틈도 없었다. 무영이는 **눈 깜짝할 사이**에 가장 먹음직스러운 컵케이크를 집어서 한 입 베어 물었다.

"안 돼, 내 컵케이크! 사진도 안 찍었는데!"

통화를 마치고 방에서 나오던 시은이가 소리를 질렀다. 무영이가 컵케이크를 두 개째 집어 드는 순간이었다. 시호는 왠지 고소하고 후련한 생각이 들어 씨익 웃었다.

●글_김지은

눈 깜짝할 사이 눈을 한 번 깜빡 감았다 떠 볼래요? 눈 깜짝할 사이라는 말은 그만큼 짧은 순간이라는 뜻의 관용어예요. 생각보다 많은 일이 눈 깜짝할 사이 벌어지곤 하지요. 막 걸어 다니는 재미를 붙인 아기는 눈 깜짝할 사이에 큰일을 벌이기도 해요.

마음에 들다

"누나, 내일 무창이 형이랑 놀러간다며? 맛있는 것도 먹고, 코인노래방도 가고. 드디어 사귀는 거야?"

시은이는 깜짝 놀라 시호의 입을 틀어막았다.

"아, 아니거든? 사귀기는 무슨! 근데 어떻게 알았어?"

"흠흠, 다 아는 수가 있지. 그럼 나도 데려가. 응? 코노~ 코노~."

시은이는 어이없다는 듯 시호의 이마를 쭉 밀었다.

"네가 왜 끼어? 그리고 뭐, 코노? 쬐끄만 게. 엄마한테 확 이른다."

잔뜩 약이 오른 시호가 시은이를 흘겨봤다. 누나 **마음에 들** 작전이 필요했다.

"우리 인기 짱 누나, 이거 먹어. 내가 특별히 누나를 위해서 준비했어."

"뭐야? 나 다이어트하거든. 저기 넣어 둬."

"누나가 뺄 살이 어디 있어? 지금도 충분히 예뻐. 그럼 나 데리고 갈 거지?"

"뭐야, 뇌물이었어? 됐어, 저리 가."

첫 번째 작전은 실패. 두 번째 작전 실시다. 시호는 텔레비전을 보고 있는 아빠에게 갔다. 게슴츠레하게 눈을 반쯤 뜨고 있는 아빠의 귀에 대고 소곤거렸다.

"아빠~ 누나 코노갈 때, 나 데리고 가라고 해 줘."

"엉? 누나 코가 뭐라고? 아빠 피곤해. 엄마한테 말해."

"맨날 잠만 자?"

두 번째 작전도 실패. 이제 마지막 작전이다.

"박시은! 잘 들어라. 나 안 데려가면 엄마한테 무창이 형이랑 데이트한다고 이른다. 그럼 어떻게 될지 잘 생각해 봐라."

"뭐? 박시호, 너 진짜!"

"엄마!"

시호가 부르는 소리에 주방에 있던 엄마가 고개를 돌렸다. 시은이는 급하게 시호를 잡아끌었다.

"아무 일도 아니에요, 엄마. 시호야, 우리 착한 동생! 누나랑 이야기 좀 할까?"

시은이는 미간에 힘을 잔뜩 주고 마녀 같은 목소리로 속삭였다. 그리고 시호를 방으로 끌고 들어가 문을 잠갔다.

"너, 이번만이다. 약속은 지켜. 말하면 죽는다, 진짜."

"나 박시호, 약속은 칼이지. 야야야 내 나이가 어때서~ 사랑하기 딱 좋은 열세 살~."

"시호야, 사랑이 뭐라고?"

● 글_이봉금

마음에 들다 무언가 내 마음에 들어온다는 건 그것이 점점 좋아진다는 뜻이지요. 무언가에 대해 좋은 마음이 들 때 우리는 마음에 든다고 해요. "나 저 옷이 마음에 들어." "흥, 맘에 안 들어." 어때요? 평소에 많이 쓰던 말이지요?

말을 걷어붙이다

찰칵, 찰칵.

"아, 이 느낌 아니야."

주희는 찍은 사진을 확인하고는 저장하지 않고 그냥 지워 버렸다. 같은 가을 하늘을 찍었는데, 자신이 찍은 사진과 시은이가 찍은 사진은 마치 다른 세상에 사는 것처럼 다르다. 시은이가 찍은 사진은 늘 '센스 쩐다'는 칭찬을 듣던데, 도대체 그놈의 센스는 어떻게 해야 생기는지 모르겠다.

"아씨, 폰을 바꿔도 똑같으면 어쩌란 말이야. 나도 좋아요 좀 많이 받고 싶다고!"

얼마 전 삼촌이 휴대폰을 바꾸면서 그 전에 쓰던 아이폰을 주희가 차지하게 되었다. 신이 난 주희는 그 날부터 열심히 사진을 찍어댔지만 역시 사진이 잘 나오려면 누가, 어디에서 찍는지가 중요한 모양이었다. 아이폰이 생겼다는 기쁨도 잠시였다.

우울했다.

　그때 동생 경우가 뛰어 들어왔다. 경우는 들어오자마자 허겁지겁 자기 방으로 들어가더니 딱지 상자를 가지고 다시 나왔다. 그러고는 더운지 냉장고에서 물을 꺼내 벌컥벌컥 마셨다.

　"이경우, 넌 들어오자마자 또 어디 나가려고?"

　"어, 내 친구들 중에 딱지 잘 못하는 애 있어서 내가 가르쳐 주려고!"

　"너 오늘 뭐 누구 달리기 도와준다고 하지 않았어?"

　"벌써 도와줬어. 내가 우리 반에서 달리기 제일 잘해서 선생님이 잘 못하는 사람은 나한테 도와달라고 하랬어. 나 완전 인기 짱이야!"

　"좋~겠다, 인기 많아서."

　주희는 자기 도움이 필요한 일이라면 뭐든 **팔을 걷어붙이고** 나서는 경우가 신기했다.

　"네가 자꾸 해 주니까 애들이 너한테만 도와달라고 하는 거야, 이 바보야."

　"헐."

　주희는 괜히 심술을 냈다. 신발을 신고 나가려던 경우는 뒤를 돌아 주희를 쳐다보았다. 그리고 아무렇지 않다는 듯 말했다.

　"난 괜찮은데. 애들 도와주면 기분 좋아."

　그러고는 후다닥 뛰어나갔다. 주희는 잠깐 멍해졌다. 늘 바쁘

게 돌아다니면서도 즐거운 경우와, 원하던 아이폰이 생겼지만 기쁘지 않은 자신의 모습이 비교가 되었다.

●글_김지은

> **팔을 걷어붙이다** 어떤 일에 적극적으로 참여할 때 사용하는 관용어예요. 깨끗하게 세수를 할 때 소매를 걷어 올리는 것처럼 말이에요. 어떤 사람은 다른 사람의 일도 자기 일처럼 팔을 걷어붙이고 도와줘요. 참 멋진 사람이에요.

미간을 찌푸리다

마지막 6교시 국어 시간이 끝났다. 여기저기서 아이들이 자신의 롤링페이퍼를 서로 바꿔 보면서 키득거렸다. 하지만 무율이는 자신의 롤링페이퍼를 슬그머니 손으로 가렸다. 그때 무영이가 다가왔다.

"야, 오늘도 방과후 미술 있는 날이야? 오늘 애들이랑 코노 갈 건데, 같이 가자. 맨날 그림만 그리면 안 심심해?"

"연필로도 그렸다가 붓으로도 그렸다가 하는데 뭐가 심심해."

"나는 진짜 너 이해 안 돼."

취미도, 관심 있는 것도 다 다르다. 어렸을 때는 매일 같이 다니며 놀았는데, 학년이 올라갈수록 둘 사이의 간격이 벌어졌다. 어른들은 겨우 5분이라도 언니는 역시 언니라고 말했지만, 무율이는 가끔 무영이가 부러웠다. 오늘 같은 날은 더욱 그랬다. 하지만 무영이가 건네준 롤링페이퍼를 보며 아무렇지 않은 듯이 말했다.

"야, 무영아. 네 롤링페이퍼 완전 웃겨."

무율이는 무영이의 롤링페이퍼를 소리내 읽었다. '갓무영님 먹방 좀 찍어 주세요. 니가 우리 학교에서 제일 웃긴 것 같다. 세젤웃!' 무영이의 인기가 고스란히 느껴졌다.

"너 진짜 유튜브에서 먹방 찍어 봐. 이 정도면 돈 엄청 벌걸."

"아, 그럼 완전 좋겠다. 맛있는 것도 많이 먹고 부자 되고. 그게 내 꿈이야."

무영이의 롤링페이퍼는 반 친구들이 쓴 말로 여백 없이 꽉꽉 차 있다. 하나같이 무영이가 얼마나 재미있는 아이인지 이야기하고 있었다. 반면에 무율이의 롤링페이퍼는 달랐다.

'넌 말없이 자기 할 일 잘하는 모습이 보기 좋아. 조용해서 있는지 없는지 모르겠음. 나는 나만의 길을 간다.'

최대한 칭찬하는 말투로 쓰려고 노력한 것 같았다. 평소라면 별로 신경 쓰지 않을 일이지만 글쎄, 오늘의 무율이는 기분이 썩 좋지 않았다. 무율이의 **미간이** 잔뜩 **찌푸려졌다.**

"네 롤링페이퍼에는 애들이 뭐라고 썼어? 한번 보자."

무영이가 책상 위에 있던 무율이의 롤링페이퍼를 잽싸게 낚아채면서 말했다. 그러자 무율이가 와락 달려 들며 소리쳤다.

"싫어. 아무도 안 보여줄 거야!"

"넌 내 거 다 봤잖아, 나도 볼래!"

무영이가 고집을 피웠다. 그러거나 말거나 무율이는 종이를 다시 빼앗아 챙겨들고는 교실에서 빠져나왔다. 계단을 내려가며 종이를 가방에 넣으려다 다시 한 번 읽어 보았다. 문득 아까는 보지 못했던 말이 눈길을 사로잡았다.

'내가 이상한 말 해도 항상 잘 들어줘서 고마워. 정무율, 나중에 나는 먹방 하고 넌 그림 그리는 걸로 같이 유튜브 진출하자.'

쓴 사람 이름은 없지만 왠지 누가 썼는지 알 것 같았다. 무율이는 피식 웃음이 났다.

●글_김지은

> **미간을 찌푸리다** 불편한 상황이 되면 절로 얼굴을 찡그리게 되죠? 미간을 찌푸린다는 말은 어떤 사람이 짜증이 나거나 싫은 티를 낸다는 의미의 관용어예요. 공공장소에서 욕을 하거나 나쁜 말을 쓰는 사람을 보면 미간이 찌푸려져요.

날개를 달다

볼을 스치는 바람이 제법 쌀쌀해진 아침 등굣길, 도혁이는 학교 정문에 멈춰 섰다.

*100M 달리기 신기록 김도혁,
체육중학교 합격을 축하합니다.*

자신의 이름이 적힌 현수막이 정문 위에 자랑스럽게 걸려 있었다. 도혁이는 가만히 바라보았다. 마음속 오랜 납덩이가 사라지는 기분이었다.

"김도혁, 진짜 잘됐다. 그렇게 바라더니 결국 가는구나. 축하해."

무창이가 도혁이의 어깨를 툭 치며 말을 건넸다. 도혁이는 아무 말도 하지 않았다.

반에 들어가자 반 아이들의 시선이 모두 도혁이를 향했다.
"김도혁! 김도혁!"
축하의 환호성이 교실을 가득 메웠다. 교실이 시장 한복판처럼 떠들썩할 무렵, 담임 선생님이 환하게 웃으며 들어왔다.
"얘들아, 기쁜 일이 하나 더 생겼어. 도혁이가 국가 지원 체육

특기생으로 선발되었단다. 체육중학교에 특기생까지, 우리 도혁이 정말 좋겠네."

장학생이 된다는 것은 돈 걱정을 안 해도 된다는 말과 같았다. 도혁이는 달리고 싶은 꿈에 **날개를 달았다.**

학교가 끝나고 집으로 향하는 도혁이의 발걸음이 가볍다. 꼭 구름 위를 걷는 것 같다. 자꾸만 피식 피식 웃음이 났다. 도혁이는 주위를 둘러보았다. 다행히 아무도 없었다.

"이얏호! 으하하하."

이렇게 웃어본 적이 있었나 싶을 정도로 크게 웃었다.

그때였다.

"김도혁."

아빠였다. 이 시간에 집 밖에서 아빠를 만나리라고는 전혀 생각지 못했던 도혁이는 그 자리에서 얼어붙고 말았다. 한 걸음 한 걸음 천천히 걸어온 아빠가 도혁이 앞에 섰다. 도혁이는 침을 꼴깍 삼켰다. 학교에서 가장 키가 큰 도혁이지만 자신보다 한 뼘은 더 큰 아빠 앞에 서자 아이처럼 작아 보였다.

"아빠, 저 그게……."

솥뚜껑 같은 아빠의 손이 올라갔다. 도혁이는 두 눈을 질끈 감았다. 아빠의 숨결이 가까이서 느껴졌다. 술 냄새가 나지 않았다.

도혁이는 스르르 눈을 떴다. 굳게 다문 아빠의 입술이 보였다. 아빠는 손을 내려 도혁이의 어깨를 꼭 쥐었다.

"선생님이 네 칭찬을 많이 하시더라."

따뜻한 손이 어깨를 두어 번 다독였다.

"잘했다."

무언가 울컥 치고 올라오는 느낌이었다. 도혁이는 고개를 바닥으로 떨궜다.

●글_윤우주

날개를 달다 열심히 노력한 만큼 능력이 좋아지거나, 처한 상황이 훨씬 나아졌을 때 사용하는 관용어예요. 야구선수가 자신을 잘 알고 도와주는 구단에 가서 이전보다 좋은 경기를 보여줄 때, 사람들은 "저 선수, 새로운 팀에 가더니 날개를 달았네."라고 말해요.

꼬리에 꼬리를 물다

시은이는 콩콩 뛰는 마음을 애써 진정시키며 꽃단장을 했다. 고데기를 하느라 바쁜 와중에도 머릿속으로는 무창이와의 로맨틱한 시간을 상상했다. 말썽쟁이 방해꾼 둘이 끼게 되긴 했지만 그런대로 괜찮을 거라고 마음을 다독였다.

하지만 현실은 예상과 전혀 다른 방향으로 흘러갔다. 코인노래방은 문을 닫았고, 난데없이 쏟아진 소나기에 아침 내내 공들인 머리도 엉망이 되었다.

넷은 비를 피해 근처의 햄버거 가게로 달려 들어갔다. 꿈꾸던 데이트를 망쳤다는 생각에 시은이는 잔뜩 풀이 죽었다. 입맛도 없어서 한입 베어 문 햄버거를 도로 내려놓았다. 눈치 빠른 무영이가 눈을 번뜩이며 시은이 햄버거를 향해 손을 뻗었다.

"정무영, 조심!"

"앗, 차가워!"

아뿔싸. 무영이의 팔꿈치에 부딪힌 컵이 시은이 쪽으로 쏟아졌다. 하얀 치마가 커다란 갈색 얼룩으로 물들었다. 최악이다. 어쩜 이렇게 안 좋은 일이 **꼬리에 꼬리를 물고** 일어나는지.

시은이의 두 눈에 커다란 눈물방울이 그렁그렁 맺혔다. 입술을 꾹 다물고 참던 시은이는 결국 빵 터지고 말았다.

"이게 뭐야. 내가 얼마나 기대했는데. 흐엉, 다 망했어. 너는 나 신경 쓰지도 않고. 내가 페메도 얼마나 많이 보냈는데! 힝, 나만 너 좋아하지?"

"페메?"

무창이는 다급히 휴대폰을 꺼내 페이스북을 확인했다. 그러고는 짧은 한숨을 푹 내쉬었다.

"그런 게 아니야, 시은아. 이거 봐."

무창이의 핸드폰에 쌓인 메시지를 보고 시은이의 눈이 휘둥그레졌다.

"내가 계정만 있고 페북을 거의 안 하거든. 그래서 너한테 페메 온 줄도 몰랐어. 미안."

무창이는 그동안의 메시지를 하나하나 내리며 눈으로 읽었다. 그러고는 손가락으로 천천히 메시지를 썼다.

페이스북 알림 소리에 시은이가 휴대폰을 들여다봤다. 그토록 기다렸던 무창이의 답장이었다. 다섯 글자밖에 안 되는 간단한 메시지인데도 시은이의 뺨이 빨갛게 달아올랐다.

― 우리 사귀자.

시은이는 무창이를 한 번 흘겨보고는 손가락을 움직였다.

― 그래.

휴대폰을 슬쩍 엿본 시호와 무영이가 귀를 막고 토하는 시늉을 했다. 그러거나 말거나 무슨 상관인가? 시은이의 머릿속은 온통 핑크빛이었다.

●글_정하연

> **꼬리에 꼬리를 물다** 어떤 일이 계속 이어진다는 뜻의 관용어예요. 나쁜 소문이나 사건이 연이어 일어날 때 자주 쓰이는 말이에요. 우리 할머니는 잠을 자려고 누우면 자꾸만 걱정이 꼬리에 꼬리를 물고 생각난대요.

머리를 쥐어짜다

"무율아, 엄마한테 전화해 봐. 어디쯤인지."
"알겠어! 근데, 아빠는 언제 오셔?"
"엄마랑 같이 들어온다고 그랬어. 오빠, 좀 있다가 엘리베이터 소리 나나 들어 봐. 아니다! 그건 내가 할게. 내가 그런 건 전문가잖아. 헤헤헤."

무영이는 너무 재미있어서 혼자 실실거리며 베란다로 향했다. 부엌에 있던 무율이가 무창이를 불렀다.

"오빠, 이거 다 되었는지 맛 좀 봐봐."

무창이는 바글바글 끓고 있는 냄비를 조심히 열었다. 맛이 그럴듯했다.

"됐다, 됐어. 정 셰프!"
"마법의 라면 스프 덕분이지."

시계를 봤다. 이제 곧 엄마 아빠가 도착할 시간이다. 베란다에서 주차장을 빼꼼 내려다보던 무영이가 콩콩콩 뛰며 호들갑을 떨었다.

"어떡해, 어떡해! 오빠, 아빠 차 보인다. 우~ 떨려."

현관까지 다다다 달려간 무영이가 귀를 쫑긋 세우고 문에 바짝 몸을 붙였다.

"무율아, 이제 불 꺼. 그 다음은 뭔지 알지?"

"알지~ 알지. 다들 계획대로 하는 거야. 쉿!"

삐삐삣 삐삐삣 띠링. 비밀번호가 풀리고 현관문이 열렸다.

"결혼 축하합니다. 결혼 축하합니다. 엄마 아빠 결혼을 축하합

니다."

삼남매의 쑥스러운 목소리가 울렸다. 무창이는 케이크를 엄마 아빠 앞에 내밀었다.

"어머 세상에, 이게 다 뭐야?"

"뭐긴, 깜짝 선물이지. 엄마, 어서 소원 빌고 케이크 불 꺼."

엄마 아빠는 두 손을 모으고 소원을 빌었다. 후우후. 촛불이 꺼지자 삼남매는 힘껏 박수를 쳤다. 엄마 아빠의 얼굴이 환해졌다.

"힘들게 키운 보람 있네. 결혼기념일은 어떻게 알았어?"

"아는 법이 다 있지. 아빠, 이거 맛봐봐. 우리가 만들었어."

아빠가 국을 한 수저 떠서 후루룩 먹었다. 송충이 같은 눈썹이 꿈틀꿈틀 춤을 췄다.

"오호~ 누구 솜씨인지 아주 그냥 죽여 줘요."

걸쭉한 아빠의 말에 모두 껄껄껄 웃었다. 삼남매는 며칠 동안 **머리를 쥐어짠** 것을 떠올리며 뿌듯해했다.

● 글_이봉금

머리를 쥐어짜다 좋은 생각을 떠올리기 위해 노력한다는 뜻의 관용어예요. 분명 열심히 단어를 외웠는데, 왜 영어 시험지만 보면 아무 기억이 안 나는지 모르겠어요. 머리를 쥐어짜도 생각이 나지 않으면 정말 답답하지요.

꼬리를 내리다

"형, 심심하지 않아? 재밌는 거 있는데 같이 할래?"
"What? 뭔데?"
경우의 말에 제레미의 눈이 반짝였다.
"있잖아. 나 아까 운동장에서 무영이 누나 휴대폰 주웠다."
"무영 휴대폰? 새로 산 거?"
"응. 사실 주운 거 아니고 피구하고 있길래 내가 몰래 가져왔어. 헤헤헤."

경우는 웃으며 주머니에서 휴대폰을 꺼내 제레미에게 보여주었다. 그 순간 무영이 휴대폰이 요란하게 진동했다. 경우가 한 치의 망설임도 없이 거절 버튼을 눌렀다.

"아, 벌써 26통째야. 안 받으니깐 계속 전화하네. 급하긴 하나 봐. 으히히."
"Oh my god! 경우, 이제 어쩔 거야?"

"음. 일주일 정도 숨겼다가 휴대폰 새로 사면 분실함에 넣어 줄까?"

경우의 말을 들은 제레미가 인상을 찌푸렸다.

"Oh no~ 무영이 얼마나 놀라겠어?"

"형, 지금 무영이 누나 편드는 거야?"

경우는 게슴츠레 실눈을 하고 쳐다봤다. 하지만 제레미의 태도는 완강했다.

"No, no! No! 아주 나빠! 파란 대문 아저씨 기억 안 나?"

경우는 예상과 다른 반응에 입을 삐쭉 내밀었다.

"옛날에는 장난치자고 하면 뭐든 같이 했으면서 실망이야."

"외양간 잃고 소 고치면 소용없어. 더 후회하기 전에 그만해."

한 번 더 떼를 써 봤지만 평소답지 않게 단호한 제레미의 말에 경우는 **꼬리를 내릴** 수밖에 없었다. 경우는 고개를 끄덕였다.

"알겠어. 휴대폰 돌려줄게. 근데 형, 이제 속담도 쓰네? 외양간 잃고…… 소 고쳐? 소를 고쳐? 뭔가 이상한데?"

"Why? 내가 속담 써서 놀랐어? 나 한글 공부 많이 해."

제레미가 우쭐하며 어깨를 으쓱였다. 주근깨가 콕콕 박힌 두 볼이 빵긋 올라왔다.

"크크크. 근데 외양간 잃고 소 고친다는 뜻이 뭐야?"

"너 몰라? Oops! Korean 맞아? 후회해 봤자 소용없다는 거잖아."

"형, 〈소 잃고 외양간 고친다〉 이게 맞는 말이야. 외양간 잃고 소를 어떻게 고쳐? 음메~ 음메에에에에~."

깔깔 웃으며 놀려대는 경우를 보고 제레미가 이마를 치며 말했다.

"Oh my god!"

●글_김빛나

꼬리를 내리다 내 생각이나 주장을 꺾고 다른 사람의 의견을 따를 때 사용하는 관용어예요. 어떤 사람들은 꼬리를 내리면 무조건 지는 것이라고 생각해요. 하지만 지금 꼬리를 내림으로써 나중에 더 많은 것을 얻을 수도 있답니다.

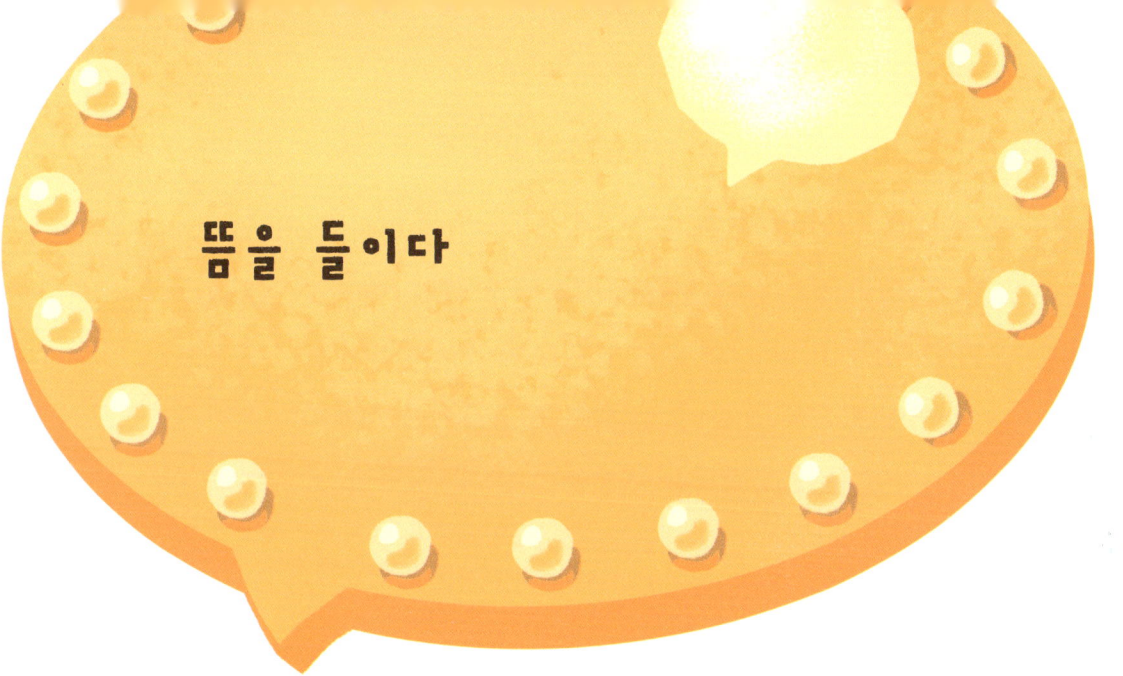

뜸을 들이다

"빨간 걸로 하나 주세요."

"아, 아빠. 꽃다발 없어도 돼요."

"그래도 졸업식인데 하나는 있어야지. 주세요."

아빠는 기어코 주머니 속에서 꾸깃꾸깃 접힌 돈을 꺼내 꽃다발을 샀다. 도혁이는 평상시에 느낄 수 없던 낯선 감정을 느꼈지만 그 순간이 좋았다.

강당은 6학년 아이들의 졸업을 축하하러 온 가족과 친척들로 가득 찼다. 식이 시작되자 무대 중앙에 큰 스크린이 켜졌다. 그리고 화면에 아이들의 이름과 저마다 소망하는 꿈이 나왔다. 시은이는 유튜브 크리에이터. 무창이는 사회복지사. 자신의 꿈이 화면에 띄워질 때마다 아이들은 크게 환호했다.

"예체능 대표 김도혁."

이름이 불리자 단상에 올라간 도혁이는 화면에 뜬 자신의 꿈을 보았다. 달리기 국가대표. 그 꿈을 향해 열심히 달리리라 다짐했다. 도혁이는 사람들 틈에서 아빠를 보았다. 어색한 미소를 지으며 서 있는 아빠는 어느 누구보다도 열심히 박수를 치고 있었다. 도혁이의 눈에 눈물이 그렁거렸다.

졸업식이 끝나고 강당을 나서려던 순간, 도혁이는 쭈뼛거리는 주희를 발견했다.

"야, 이주희!"

"도혁 오빠, 졸업을 축하해."

주희는 수줍게 꽃다발을 건넸다.

"이주희, 고맙다. 매번 응원해 줘서. 저번에 초콜릿도 잘 먹었어."

도혁이의 말에 주희는 믿기지 않는 듯 도혁이의 얼굴을 쳐다봤다.

"오빠, 다음 경기할 때 응원하러 가도 돼?"

주희의 말에 도혁이는 **뜸을 들였다**.

대답 없이 자신을 바라보는 도혁이의 눈빛에 주희는 침을 꼴깍 삼켰다. 1초가 1분처럼 길게 느껴졌다.

"그래, 다음에 보자."

도혁이가 고개를 끄덕이며 대답했다. 주희는 환한 미소를 지었다. 포근한 햇살이 아이들을 감쌌다.

●글_윤우주

뜸을 들이다 서두르지 않고 한동안 가만히 있을 때 사용하는 관용어예요. 드라마에서 주인공이 어떤 말을 하려다 말고 잠시 생각하는 시늉을 하면, 상대방은 "왜 이렇게 뜸을 들여?"라고 말하지요.

꽃을 피우다

 오늘은 동아리에서 1년 동안 준비한 작품을 선보이는 전시회 날이다. 동아리 친구들은 하나같이 들떠 아침부터 이야기 **꽃을 피웠다**.
 "가연아, 너는 전시회에 누구누구 온대?"
 "부모님이랑 학원 친구들이랑 삼촌, 그리고 사촌 오빠도 시간 되면 오겠대."
 "부럽다. 나는 부모님밖에 못 오실 것 같은데."
 "걱정 마. 나랑 친구들이 선물해 줄게!"
 "정말? 고마워~."
 왁자지껄한 와중에도 무율이는 묵묵히 자리에 앉아 연습장에 그림을 그렸다. 혼자인 것에 딱히 신경 쓰지 않는 무율이지만 오늘따라 유독 표정이 어둡다.
 '선물이라니. 칫, 그런 게 어디 있담.'

빛나초등학교 작품 전시회는 다른 학교와 다른 점이 있다. 가족과 지인들이 모두 와서 작품 전시를 축하해 주고, 그 아래에 꽃이나 먹을 것과 같은 선물을 두는 것이다. 친구들이 신난 이유도, 무율이가 의기소침해진 이유도 모두 그 때문이었다.

'오라고 말이라도 꺼내 볼 걸 그랬나? 아니야, 뭐 그렇게까지.'

복잡한 마음에 무율이는 하루 종일 수업에 집중을 할 수 없었다. 쉬는 시간에도 전시회장 근처는 얼씬도 하지 않았다.

수업이 끝나고 집으로 바로 갈지 전시회장에 들를지 한참을 고민하던 무율이는 결국 발걸음을 전시회장으로 향했다.

'내 그림에만 아무것도 없으면 어떡하지. 이상하다고 수군댈지도 몰라.'

불안한 마음에 전시회장 앞에서 머뭇거리고 있는데 안쪽에서 익숙한 목소리가 들려왔다.

"와, 멋지다. 노을빛 바다라니. 무창아, 근데 이 사람은 여기서 뭐하는 거야?"

"여긴 염전이고 이 사람은 소금 만드는 작업하는 거야."

무창이가 부드러운 목소리로 설명해 주었다. 그 목소리에 제레미가 화들짝 놀라며 물었다.

"Oh, my god! 무창, 시은. 둘이 뭐야, 뭐야?"

"뭐긴, 꽁냥꽁냥 연애하는 거잖아. 으~ 눈 베렸어."

시호가 대답했다. 무창, 시은, 제레미, 도혁, 주희, 무영, 시호, 경우까지. 빛나초등학교에 다니는 복천아파트 아이들이 모두 모여 저마다 이야기를 나누고 있었다.

"무유리. 거기서 뭐해? 기다려쒀."

무율이를 발견한 제레미가 어서 오라며 손짓했다. 제레미의 말에 다들 몸을 돌려 무율이를 바라보았다.

"무율이, 첫 전시회 축하해. 그림 진짜 멋지다."

아이들을 향해 달려가는 무율이의 얼굴이 환하게 피어올랐다.

● 글_손상희

> **꽃을 피우다** 어떤 일이 잘되었을 때 사용하는 관용어예요. 따뜻한 마음이 있다면 아무리 어려운 상황에서도 희망은 꽃을 피울 거예요. 우리가 앞장서서 학교에 더불어 행복한 문화를 꽃 피워 보는 건 어떨까요?

선생님, 관용어가 뭐예요?

관용어랑 속담은 같은 거 아니에요? 너무 헷갈려요.

참 좋은 질문이에요. 관용어와 속담 모두 오래전부터 사람들이 사용해 오면서 지금까지 생활 속에 남아 있는 표현이에요. 이러한 말을 관용 표현이라고 하지요. 관용어는 낱말과 낱말이 만나서 원래 뜻과 전혀 다른 새로운 뜻으로 굳어진 말이에요. 두루 아는 사람이 많은 사람에게 '발이 넓다'라고 하지요? 그 사람이 정말 크고 넓은 발을 가지지 않았는데도 말이에요. 이때 '발이 넓다'가 관용어랍니다. 이러한 관용어는 내 마음대로 말을 바꾸면 의미가 사라져요. '발이 넓다'를 '발이 크다'라고 써 버리면 원래 관용어로서 갖던 의미가 깨져 버리지요. 속담은 우리 조상들의 지혜가 담긴 말이에요. 우리나라에는 '소 잃고 외양간 고치다', '가는 말이 고와야 오는 말도 곱다' 등 여러 가지 속담이 있어요.

관용어가 어마어마하게 많은데, 배우면 잘 쓰기는 할까요? 언제 사용하죠?

"발표하는 친구의 목소리에 귀 기울여 주세요."
"나 오늘부터 매일 일기를 쓰기로 마음 먹었어."
어때요, 익숙한 표현 아닌가요? 우리는 평소 생활 속에서 관용어를 자주 사용해요. 관용어라고 특별히 의식하지 않았을 뿐이지요. 관용어의 의미가 통하기만 한다면 언제든 관용어를 쓸 수 있어요.

관용어 없이도 이야기가 통하는데, 굳이 관용어를 쓰는 이유는 뭐예요? 멋있어 보이려고?

하하, 멋있어 보이나요? 그 뿐만이 아니에요. 같은 말을 길게 풀어 설명하는 것보다, 관용어를 사용했을 때 훨씬 간단하고 재미있게 말할 수 있거든요. 또 관용어는 비유적 표현이라 상대방의 기분을 상하지 않게 내가 하고 싶은 말을 더 인상 깊게 전달할 수 있어요. "나 정말 힘들었어."라는 말보다 "나 완전 진땀 뺐다니까."라고 관용어를 사용하면 훨씬 실감이 나고, 듣는 사람이 흥미를 갖는답니다.

훈민정음은 세종대왕이 만들었고, 관용어는 누가 만든 거예요?

아쉽게도, 관용어는 누구 한 사람이 만들었다고 지목할 수 없어요. 오랜 옛날부터 우리 조상들이 계속 써 오던 말이 지금까지 남아 있는 것이기 때문이에요. 그런 면에서 보면, 관용어는 먼 옛날의 조상들이 지금의 우리에게 주는 소중한 선물이 아닐까요?

다른 나라에도 관용어가 있어요?

Of course! 물론이에요. "It's a piece of cake!"는 무슨 뜻일까요? 단어를 그대로 해석하면, 케이크 한 조각이라는 뜻이에요. 사실 영어권 문화에서 이것은 아주 쉬운 일을 뜻하는 관용어이기도 합니다. 우리말에도 '식은 죽 먹기'라는 비슷한 표현이 있지요. 중국은 어떨까요? 손바닥을 뒤집는다고 표현한대요. 모두 아주 쉬운 일을 뜻하지만 나라마다 표현 방법이 달라요. 뜻을 맞히지 못했다고 실망하지 마요. 관용어는 오랜 시간을 통해 그 나라에 문화적, 사회적 영향을 받아 만들어진 표현이에요. 그렇기 때문에 그 나라의 문화를 충분히 알아야 완전한 뜻을 이해할 수 있답니다.